Los autores

José Antonio Abad

Ha dirigido muchos años el Catecumenado Diocesano de Burgos. Es autor de diversos libros de liturgia y de artículos sobre el catecumenado y director del Diccionario del *Agente de Pastoral Litúrgica*. Ha dedicado su vida a la docencia de la Liturgia y de la Eucaristía en la Facultad de Teología del Norte de España, sede de Burgos.

Pedro de la Herrán

Es doctor en Filosofía y licenciado en Derecho Civil. Fue el iniciador del Departamento de Pedagogía Religiosa de la Facultad de Teología de la Universidad de Navarra. Es autor de numerosos textos de enseñanza religiosa escolar y de catequesis.

Colaboradores

Daniel Suárez · Beatriz Méndez-Villamil · José María Caño

"Hemos redescubierto que en la catequesis tiene un rol fundamental el primer anuncio o «kerygma», que debe ocupar el centro de la actividad evangelizadora".
(Papa Francisco EG n. 164)

"El modelo de toda la iniciación cristiana es el catecumenado de adultos. Por tanto, la iniciación cristiana de los niños ha de hacerse según este esquema de ideas y modelos: etapas, ritos, procesos".
(Mons. José Rico Pavés. Obispo de Jerez de la Frontera)

"El catecumenado también puede inspirar la catequesis de aquellos que, a pesar de haber ya recibido el don de la gracia bautismal, no disfrutan efectivamente de su riqueza. Estas personas pueden ser llamadas cuasi catecúmenos: cf. CT 44".
(Nuevo Directorio para la Catequesis, n. 61. III-2020)

"La catequesis familiar debe preceder, acompañar y enriquecer cualquier otra forma de catequesis"
(Juan Pablo II, CT, 68)

Nihil obstat
Arzobispado de Burgos · 31 de julio de 2020 · Ildefonso Asenjo Quintana

Catequesis de Orientación Catecumenal Junior · Nivel 1
© José Antonio Abad, Pedro de la Herrán, 2020
© Ediciones Palabra, S.A., 2025
Ronda del Caballero de la Mancha, 59 – 28034 Madrid
Telf.: (34) 91 350 77 20 – (34) 91 350 77 39
www.palabra.es
palabra@palabra.es
ISBN: 978-84-1368-490-1
DEPÓSITO LEGAL: M-19.277-2025

Diseño y maquetación: Pablo Larrocha // Ilustraciones de inicio de Encuentros: Adnere Art // Fotografías y recursos: Shutterstock.es · Freepik.com
Impreso en España-Printed in Spain

www.edicionesdya.com

En las últimas décadas, tras el Concilio Vaticano II, han proliferado los instrumentos al servicio de la catequesis. Junto a los catecismos han aparecido guías, materiales complementarios, recursos catequéticos, etc., orientados cada vez con más precisión al desarrollo de la acción catequética. Bien sabemos que los libros solos "no hacen la catequesis", pero pueden ser una gran ayuda. La obra que aquí se presenta, con el título "Catequesis de orientación catecumenal", responde muy bien a las exigencias del momento presente en la transmisión de la fe: puede ser utilizada en el ámbito de la familia, de la parroquia, de la escuela o de los movimientos eclesiales; tiene en cuenta la actual situación de secularización y da prioridad al testimonio evangelizador; ofrece un planteamiento catecumenal de la iniciación cristiana con un programa que mira al itinerario completo para llegar a ser cristianos y no a la sola recepción de un sacramento; y, algo muy importante, no suplanta el catecismo oficial de la Conferencia Episcopal Española "Jesús es el Señor", sino que remite a su enseñanza ayudando a poner en ejercicio las cuatro dimensiones que deben estar siempre presentes en la catequesis (confesión de la fe, celebración, compromiso y oración).

Por todo ello, felicito de corazón a los autores don Pedro de la Herrán y don José Antonio Abad, veteranos expertos en las tareas catequéticas, y a los demás miembros del equipo de redacción.

+ José Rico Pavés
Obispo de Jerez de la Frontera.
Presidente de la Comisión Episcopal para la Evangelización,
la Catequesis y el Catecumenado de la CEE.

Índice

PROYECTO "CATEQUESIS DE ORIENTACIÓN CATECUMENAL"

Justificación del proyecto

Las siguientes palabras del Papa Francisco en su Ex. Ap. *Evangelii Gaudium* pueden servirnos de marco para presentar y justificar la necesidad y actualidad de este proyecto; la cita es larga pero no tiene desperdicio:

Hemos redescubierto que en la catequesis tiene un rol fundamental el primer anuncio o «kerygma», que debe ocupar el centro de la actividad evangelizadora y de todo intento de renovación eclesial (…). En la boca del catequista vuelve a resonar siempre el primer anuncio: «Jesucristo te ama, dio su vida para salvarte, y ahora está vivo a tu lado cada día, para iluminarte, para fortalecerte, para liberarte». Cuando a este primer anuncio se le llama «primero», eso no significa que está al comienzo y después se olvida o se reemplaza por otros contenidos que lo superan. Es el primero en un sentido cualitativo, porque es el anuncio principal, ese que siempre hay que volver a escuchar de diversas maneras y ese que siempre hay que volver a anunciar de una forma o de otra a lo largo de la catequesis, en todas sus etapas y momentos (…).

La centralidad del kerygma demanda ciertas características del anuncio que hoy son necesarias en todas partes: que exprese el amor salvífico de Dios previo a la obligación moral y religiosa, que no imponga la verdad y que apele a la libertad, que posea unas notas de alegría, estímulo, vitalidad, y una integralidad armoniosa que no reduzca la predicación a unas pocas doctrinas a veces más filosóficas que evangélicas (Papa Francisco, E. G. nn. 165-167).

Estas importantes orientaciones del papa Francisco han guiado todo nuestro proyecto.

Una catequesis de orientación catecumenal

Sin duda, la publicación del **nuevo Directorio General de catequesis (2020)** va a incidir aún más en la revisión de la *catequesis tradicional*, que primaba la trasmisión de conocimientos religiosos según un modelo escolar; ya se están difundiendo nuevos métodos en los que, junto a los contenidos, se habla de etapas, ritos, testimonios, práctica cristiana.

En una reciente Jornada Nacional del Catecumenado, monseñor José Rico Pavés, obispo auxiliar de Getafe y miembro de la Comisión Episcopal de Evangelización, Catequesis y Catecumenado, decía en sus palabras de clausura: "El modelo de toda la iniciación cristiana es el catecumenado de adultos. Por tanto, la iniciación cristiana de niños ha de hacerse según este esquema de ideas y de modelos (catecumenales): etapas, ritos, procesos". Y concluía con estas palabras: "Estamos en una nueva Iglesia: no de cristiandad sino de *evangelización y misión*. Hay que mirar al futuro y no al pasado".

El nuevo Directorio General de Catequesis apuesta claramente a favor de este modelo catequético.

¿A quiénes se dirige este Proyecto?

El proyecto "Catequesis de Orientación Catecumenal" se dirige a una gama amplia de personas a partir de la preadolescencia:

- Chicos y chicas en edad catequética que **comienzan su iniciación cristiana** y que al final desean recibir los sacramentos del Bautismo, Confirmación y Eucaristía.

- Chicos y chicas que **completan su iniciación cristiana** y que al final recibirán el sacramento de la Confirmación y la Eucaristía.

- Chicos y chicas que desean **conocer mejor a Jesucristo**, mejorar su formación cristiana y fundamentar mejor sus convicciones religiosas.

Le hemos dado el calificativo de **"Junior"** porque esas inquietudes, esa necesidad de amar y de ser amado afloran normalmente en la etapa de la adolescencia. Hay una frase en el libro *Camino* que sintetiza muy bien cuál es el objetivo principal de estas catequesis: "Que busques a Cristo. Que encuentres a Cristo. Que ames a Cristo" (San Josemaría Escrivá, Camino, 382). Si bien esa búsqueda no es exclusiva de la adolescencia, no cabe duda de que esta etapa es especialmente sensible al descubrimiento de la amistad y del amor.

Encuentro 1
DIOS CREÓ EL CIELO Y LA TIERRA

OBJETIVO Admirar la existencia de un Ser Creador del cielo y de la tierra al que debemos dar gracias por las maravillas de la Creación.

CATECISMO "Testigos del Señor": tema 7, p. 52-55. Preguntas 20-30.

PRIMERA PARTE

El famoso explorador Mateo Smith y sus sobrinos, Nacho y Sonia, se han embarcado rumbo al golfo Pérsico para realizar un largo y emocionante viaje de exploración a los lugares más conocidos que aparecen en la Biblia. En plena travesía se desencadena una terrible tempestad y tienen que buscar refugio en una isla.

Cerca de la costa encuentran una cabaña y deducen que aquella pequeña isla ha estado habitada por seres humanos.

¡TÍO MATEO: AQUÍ HAN HABITADO SERES HUMANOS!

DIALOGAMOS

1. INVESTIGAMOS

Todo lo que existe ha sido causado por alguien

Cuando los tres exploradores, después del naufragio, se encuentran con una cabaña deshabitada cerca de la playa, comprenden que, antes de llegar ellos, en aquella pequeña isla habían vivido seres humanos. No piensan que los troncos y las cañas de la cabaña se han colocado por sí solos. Aquello era producto de la inteligencia del hombre.

Pues si unos palos bien colocados nos hablan de la inteligencia humana, ¿no hará falta una inteligencia infinitamente superior para ordenar los millones y millones de estrellas que forman el firmamento del cielo y que se encuentran en un universo en constante expansión? Por eso, al contemplar los astros del cielo, es lógico que pensemos en su Creador.

Si ver una cabaña solitaria lleva a pensar en el que la construyó, ¿en quién pensamos al ver brillar en la noche las estrellas del cielo? ¿Sabes qué libro nos habla del plan de Dios al crear este mundo?

Génesis 1. *Al principio creó Dios el cielo y la tierra. La tierra estaba informe y vacía, mientras el espíritu de Dios se cernía sobre la faz de las aguas.*

Dijo Dios: «Exista la luz». Y la luz existió. Vio Dios que la luz era buena. Y separó Dios la luz de la tiniebla. Llamó Dios a la luz «día» y a la tiniebla llamó «noche». Pasó una tarde, pasó una mañana: el **día primero***.*

Y dijo Dios: «Exista un firmamento entre las aguas, que separe aguas de aguas. Y así fue. Llamó Dios al firmamento «cielo». Y después dijo Dios: «Júntense las aguas de debajo del cielo en un solo sitio». Y así fue. Llamó Dios a lo seco «tierra», y a la masa de las aguas llamó «mar». Y vio Dios que era bueno. Pasó una tarde, pasó una mañana: el **día segundo***.*

Dijo Dios: «Cúbrase la tierra de verdor, de hierba verde que engendre semilla, y de árboles frutales que den fruto según su especie y que lleven semilla sobre la tierra». Y así fue. Y vio Dios que era bueno. Pasó una tarde, pasó una mañana: el **día tercero***.*

Dijo Dios: «Existan lumbreras en el firmamento del cielo». E hizo Dios dos lumbreras grandes: la lumbrera mayor para regir el día; la lumbrera menor para regir la noche; y las estrellas. Y vio Dios que era bueno. Pasó una tarde, pasó una mañana: el **día cuarto***.*

Dijo Dios: «Bullan las aguas de seres vivientes, y vuelen los pájaros sobre la tierra». Y vio Dios que era bueno. Luego los bendijo Dios, diciendo: «Sed fecundos y multiplicaos, llenad las aguas del mar; y que las aves se multipliquen en la tierra». Pasó una tarde, pasó una mañana: el **día quinto***.*

Vemos el vídeo **"La Creación"**.
© Editorial Casals.

Dijo Dios: «Produzca la tierra seres vivientes según sus especies: ganados, reptiles y fieras según sus especies». Y así fue. Y vio Dios que era bueno. Y dijo Dios: «Hagamos al hombre a nuestra imagen y semejanza; que domine los peces del mar, las aves del cielo, los ganados y los reptiles de la tierra». Y creó Dios al hombre a su imagen, a imagen de Dios lo creó, varón y mujer los creó. Dios los bendijo; y les dijo Dios: «Sed fecundos y multiplicaos, llenad la tierra y sometedla; dominad los peces del mar, las aves del cielo y todos los animales que se mueven sobre la tierra» (...). Y vio Dios todo lo que había hecho; y he aquí que era muy bueno. Pasó una tarde y una mañana: el **día sexto***.*

Y habiendo concluido el **día séptimo** *toda la obra de la creación, Dios descansó.*

DIALOGAMOS

¿Qué significa "crear"?
¿Es lo mismo que "hacer"
o que "fabricar"?

3. ANALIZAMOS EL TEXTO

Qué dice el texto

La Biblia comienza con estas palabras: *Al principio creó Dios los cielos y la tierra.* Dios es presentado en la Biblia como el **Creador y Señor de todo lo que existe. Solo Él,** con su poder infinito, **podía dar la existencia a todas las criaturas, a partir de la nada.** La Biblia enseña que todo lo que existe ha tenido un principio, antes del cual no existía nada. La Biblia no excluye la evolución si se admite que Dios creó la primera materia de la que procede todo lo demás obedeciendo a unas leyes inscritas por Dios mismo en ella.

Los días no son días de 24 horas sino periodos de tiempo. Debe destacarse la frase, varias veces repetida en este relato, *"vio Dios que era bueno… muy bueno".* **¿Qué significa esta frase que se repite varias veces?**

Qué me dice Dios a mí

¿Sabes descubrirme cuando ves una noche estrellada, una montaña altísima, una puesta de sol en el mar y los miles de animales tan distintos? ¿Te parece que exagera el salmo cuando dice que "los cielos proclaman la gloria de Dios y el firmamento pregona la obra de sus manos?" **¿Cómo debes tratar y contemplar ese mundo maravilloso que he creado?**

Qué le puedo decir yo a Dios

Señor, ayúdame a descubrirte detrás de cada cosa de la creación. Dedícale al Señor una frase de acción de gracias:

ORACIÓN

Señor, Tú eres mi Padre y mi Creador,
Tú eres mi salvación y mi amor,
No permitas que jamás me separe de Ti.

4. TESTIGOS DE LA FE

Es curioso observar cómo los avances científicos confirman muchas veces aspectos de la Creación del mundo que ya están implícitos en el relato bíblico de la Creación. Tal es el caso de la llamada teoría del **Big Bang**.

El primer científico que aventuró esta teoría sobre el origen y expansión del universo fue un sacerdote católico belga llamado **GEORGE LEMAÎTRE** (1894-1966).

Lemaître elaboró la hipótesis de que toda la materia del universo en el momento del origen estaba concentrada en un átomo primordial, un punto de elevadísima densidad cuya explosión inicial habría determinado el comienzo de la expansión de la materia y por tanto de la expansión del Universo.

Las investigaciones de G. Lemaître cuentan hoy día con una aceptación claramente mayoritaria entre los científicos, aunque algunos de sus aspectos son polémicos y no faltan los estudiosos que la refutan. En su formulación actual, la teoría del Big Bang remite a un solo punto de densidad infinita, a partir de cuya gran explosión inicial se fueron configurando, a través de diversas etapas, los elementos que lo componen.

La teoría del Big Bang es asumible por la teología católica, pues parte de un principio original a partir del cual se fueron configurando las diversas formas de la materia. Esto supone afirmar que la materia no se ha hecho a sí misma ni que es eterna, sino que tiene un origen que el relato de la Biblia atribuye a *un acto creador de Dios a partir de la nada*.

DIALOGAMOS

¿Por qué las mejores teorías científicas sobre el origen y forma del universo no contradicen las enseñanzas de la Biblia sino que muchas veces las confirman?

El Salmo 104 canta a la Creación

Bendice, alma mía, al Señor:
¡Dios mío, qué grande eres!
Te vistes de belleza y majestad,

Asentaste la tierra sobre sus cimientos,
y no vacilará jamás; la cubriste con el manto
del océano, y las aguas se posaron sobre las
montañas; mientras subían los montes y
bajaban los valles: cada cual al puesto asignado.

De los manantiales sacas los ríos,
para que fluyan entre los montes;
en ellos beben las fieras de los campos,
el asno salvaje apaga su sed;
junto a ellos habitan las aves del cielo,
y entre las frondas se oye su canto.

Desde tu morada riegas los montes,
y la tierra se sacia de tu acción fecunda;
haces brotar hierba para los ganados,
y forraje para los que sirven al hombre.

Se llenan de savia los árboles del Señor,
los cedros del Líbano que él plantó:
allí anidan los pájaros, en su cima pone casa
la cigüeña. Los riscos son para las cabras,
las peñas son madriguera de erizos.

Hiciste la luna con sus fases,
el sol conoce su ocaso.
Pones las tinieblas y viene la noche,
y rondan las fieras de la selva;

los cachorros del león rugen por la presa,
reclamando a Dios su comida.

Cuando brilla el sol, se retiran
y se tumban en sus guaridas;
el hombre sale a sus faenas,
a su labranza hasta el atardecer.

Cuántas son tus obras, Señor,
la tierra está llena de tus criaturas.
Ahí está el mar: ancho y dilatado,
en él bullen animales pequeños y grandes;

lo surcan las naves, y el Leviatán
que modelaste para que retoce.
Todos ellos aguardan
a que les eches comida a su tiempo:

escondes tu rostro, y se espantan;
les retiras el aliento, y expiran
y vuelven a ser polvo;
envías tu espíritu, y los creas,
y repueblas la faz de la tierra.

Gloria a Dios para siempre,
goce el Señor con sus obras;
cuando él mira la tierra, ella tiembla;
cuando toca los montes, humean.

Cantaré al Señor, tocaré para mi Dios mientras
exista: que le sea agradable mi poema,
y yo me alegraré con el Señor.

ORACIÓN

Bendice alma mía al Señor
y dale gracias por todos sus beneficios. Amén.

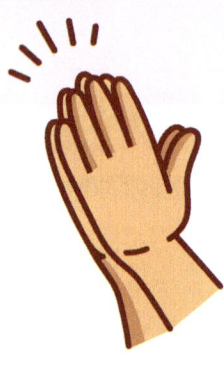

6. CATEQUESIS EN FAMILIA

Estas actividades son para hacer conjuntamente los padres (o uno de ellos) con el hijo o la hija. No es difícil encontrar unos minutos para ayudarles en su formación cristiana.

VAMOS A PENSAR JUNTOS

Hay quien defiende que todo lo que existe en el Universo procede de la explosión de un átomo inicial. Pero ¿quién puso en la existencia ese átomo y le dio una potencia capaz de generar todo el Universo con millones de estrellas? ¿Y quién puso en ese átomo la capacidad de generar millones de vidas en el planeta tierra tan increíbles como la de ese pájaro que vive en Australia capaz de imitar el canto de más de 100 pájaros distintos, virtud que ningún hombre o mujer ha alcanzado jamás? Podemos dialogar sobre ello.

VER EL VÍDEO

link

Vemos el vídeo "La Creación".

© Editorial Casals.

HAZ UN DIBUJO

Dibuja un gráfico o esquema que represente los seis días de la Creación y dentro de cada día los seres que Dios creó en ese día, según el relato de la Biblia (Génesis, capítulo 1).

ORACIÓN DE SAN FRANCISCO
(CANTADA)

link

ESCRIBE A DIOS

Escribe una frase dirigida a Dios por las maravillas que nos ha regalado en la Creación:

Encuentro 2
DIOS CREA AL HOMBRE Y A LA MUJER

🎯 **OBJETIVO** Descubrir la excelsa dignidad con la que creó Dios al hombre y a la mujer, muy por encima de las demás criaturas de la Creación.

📖 **CATECISMO** "Testigos del Señor": tema 8, p. 56-59. Preguntas 32-39.

PRIMERA PARTE

Mateo y sus dos sobrinos consultaron unos mapas y se internaron por la región de Mesopotamia. Al llegar al río Tigris alquilaron una barca motora y navegaron río arriba en busca de la región donde, según algunos expertos, estuvo situado el Paraíso terrenal o Jardín del Edén. Su emoción era inmensa.

1. INVESTIGAMOS

Señor: ¡gracias por la vida que nos has dado!

El sexto día de la Creación Dios creó al hombre y a la mujer y los puso al frente de todas las cosas creadas: el sol, la luna y las estrellas; los mares inmensos, los ríos y los lagos; los bosques y las flores bellísimas; las bestias del campo, las aves y los peces de diversos tamaños y colores. Dios, con gran amor, preparó para los seres humanos, este mundo lleno de vida y de belleza y, además, se lo entregó para que disfrutaran de él, lo trabajaran y cuidaran pensando en sus descendientes. ¡Vaya regalo que nos ha hecho Dios!

Cuando alguien te hace un hermoso regalo, sientes gran alegría y le das las gracias. Nosotros hemos de dar gracias al Señor cada día por el inmenso regalo que nos ha hecho al darnos la vida por medio de nuestros padres. Por tanto, ¡gracias al Señor y gracias a nuestros padres!

DIALOGAMOS

¿Qué es lo que más te gusta del mundo que Dios ha creado?

¿Y qué es lo que más agradeces a Dios de todo lo que te ha dado?

2. LEEMOS EL TEXTO BÍBLICO

La Biblia enseña que Dios es el Creador de todas las realidades visibles e invisibles. Cuando dice que Dios creó el Universo en siete días está utilizando un "esquema didáctico" cuya finalidad es enseñarnos la importancia del **Día del Señor** dedicado al culto religioso y al descanso. La Biblia no enseña Ciencias de la Naturaleza, sino que nos habla de Dios y de nuestra salvación.

La Biblia relata dos veces, de una manera sencilla y poética, *la creación del hombre y de la mujer*:

El primer relato dice así:

Dijo Dios: –Hagamos al hombre a nuestra imagen y semejanza. Y creó Dios al hombre a su imagen: a imagen de Dios lo creó; varón y mujer los creó (Génesis 1, 26-27).

El segundo relato aporta más información:

El Señor Dios modeló al hombre del polvo de la tierra, sopló en su nariz un aliento de vida, y el hombre se convirtió en ser vivo (Génesis 2, 7).

Por tanto, el ser humano se compone de cuerpo (polvo de la tierra) y de alma (el soplo divino, es decir el alma de cada

Vemos la primera parte del vídeo **"Jesús Salvador"**.

© Editorial Casals.

uno fue creada directamente por Dios). El cuerpo y el alma forman una unidad profunda y completa: la persona humana.

La creación de la mujer

La Biblia dice que Dios hizo a la mujer de una costilla de Adán; al ver a la mujer, dijo Adán: *¡Esta sí que es hueso de mis huesos y carne de mi carne! Por eso abandonará el varón a su padre y a su madre, se unirá a su mujer y serán los dos una sola carne"* (Génesis 2, 21-24).

Es un modo gráfico de expresar que ambos tienen la misma naturaleza humana y que están hechos el uno para el otro.

DIALOGAMOS

¿Qué significa que la Biblia no enseña Ciencias de la Naturaleza, sino que nos habla de Dios y de nuestra salvación?
¿De quién recibimos el cuerpo? ¿Y el alma? ¿Qué es el alma?
¿Cuál es el destino final del cuerpo? ¿Y el del alma?

3. ANALIZAMOS EL TEXTO

Qué dice el texto

Dios, además de dar un cuerpo material al hombre y a la mujer, les dio un "aliento de vida", es decir, el espíritu o **alma**, por la cual son "imagen y semejanza de Dios". Por su dimensión espiritual, el ser humano es superior a todo el universo visible, pues solo él es capaz de conocer a Dios y de vivir en amistad con Él.

La diferenciación de sexos no es producto de la educación (ideología de género) sino del plan creador de Dios, que quiso que el hombre y la mujer se complementaran y poseyeran la capacidad de colaborar con Él en la procreación de nuevas vidas humanas en el Matrimonio. Por eso dice la Biblia: *dejará el hombre a su padre y a su madre y se unirá a su mujer y serán una sola carne* (Génesis 2, 24).

¿Quién de los dos es superior? ¿Cómo es el matrimonio que hizo Dios?

Qué me dice Dios a mí

¿Te das cuenta de cuánto vales ante mis ojos? Tú pareces pequeño comparado con el firmamento, pero eres muy superior, porque solo tú eres

Debes respetar la dignidad de todo hombre y de toda mujer, porque Yo he dado a todos ellos la misma dignidad que a ti. Todos valéis mucho, porque todos sois "imagen" mía. Y eso con independencia de la raza, del color, del sexo, del dinero… **¿Qué relación debería haber entre todos los seres humanos?**

Qué le puedo decir yo a Dios

¡Gracias, Señor, por la vida que me has dado! Haz que recuerde que todo lo que tengo lo he recibido de Ti, y que nunca me crea superior a los demás. **A la vista de todo lo anterior, escríbele al Señor algo que le quieras decir:**

¿VERDADERO O FALSO?

	V	F
Dios creó el mundo en seis días de 24 horas cada uno	V	F
El hombre es superior a la mujer	V	F
El hombre es el dueño de la creación y puede hacer de ella lo que quiera	V	F
Solo el hombre y la mujer son imagen de Dios	V	F

4. TESTIGOS DE LA FE

¿QUÉ DICE LA BIBLIA SOBRE LA CREACIÓN DEL HOMBRE Y LA MUJER?

Las principales enseñanzas religiosas que Dios quiere transmitirnos en estos textos de la Biblia son las siguientes:

1. Dios se sirvió de una materia ya existente –el polvo de la tierra- para crear el cuerpo del primer hombre.

2. Cada alma es creada directamente por Dios ("sopló en su nariz un aliento de vida"). El alma es el principio vital y racional por el cual el hombre se distingue de todos los animales y está por encima de ellos. **El alma es espiritual e inmortal.**

3. **La mujer es igual al hombre en naturaleza y dignidad.** La imagen de la "costilla de Adán" (Génesis 2, 18-24) indica que Eva es de la misma naturaleza que Adán. Ambos han sido creados a imagen y semejanza de Dios y tienen la misma dignidad.

4. Ser creado a imagen y semejanza de Dios quiere decir:

• Que el hombre es "imagen" de Dios porque tiene inteligencia y voluntad libre.

• Que el hombre fue creado "semejante" a Dios al haber recibido el don de la gracia, que le hacía hijo adoptivo de Dios. El Bautismo nos devuelve el don de la gracia.

• Que entre las criaturas visibles solo el ser humano es "Imagen y semejanza" de Dios, por lo cual se le llama "rey de la Creación".

ENSEÑA SAN JUAN CRISÓSTOMO

"Es el ser humano, grande y admirable, más precioso a los ojos de Dios que la creación entera. Para él existen el cielo y la tierra y el mar y la totalidad de la creación. Y Dios ha dado tanta importancia a su salvación que no ha perdonado a su Hijo único por él. Porque Dios no ha cesado de hacer todo lo posible para que el hombre subiera hasta Él y se sentara a su derecha".

El hombre, tal como salió de las manos de Dios, fue una verdadera maravilla. Nada se le puede comparar de las cosas que encontramos en la creación. Más aún, su superioridad y dignidad es tan grande, que toda la creación ha sido puesta a sus pies. Así lo canta el **Salmo 8** (podemos recitarlo formando dos coros):

Gloria del Creador y dignidad del hombre
(Salmo de David)

¡Señor, Dios nuestro, qué admirable es tu nombre en toda la tierra!
Ensalzaste tu majestad sobre los cielos.

De la boca de los niños de pecho has sacado una alabanza contra tus enemigos para reprimir al adversario y al rebelde.

Cuando contemplo el cielo, obra de tus dedos, la luna y las estrellas que has creado.

¿Qué es el hombre para que te acuerdes de él, el ser humano, para mirar por él?

Lo hiciste poco inferior a los ángeles, lo coronaste de gloria y dignidad;

le diste el mando sobre las obras de tus manos. Todo lo sometiste bajo sus pies.

Rebaños de ovejas y toros, y hasta las bestias del campo, las aves del cielo, los peces del mar que trazan sendas por el mar.

¡Señor, Dios nuestro, que admirable es tu nombre en toda la tierra!

Y en el Libro de la Sabiduría, capítulo 13 leemos:

«Son necios por naturaleza todos los hombres
que han ignorado a Dios y no han sido capaces de conocer
al que es a partir de los bienes visibles, ni de reconocer
al artífice fijándose en sus obras».

6. CATEQUESIS EN FAMILIA

Estas actividades son para hacer conjuntamente los padres (o uno de ellos) con el hijo o la hija. No es difícil encontrar unos minutos para ayudarles en su formación cristiana.

VER EL VÍDEO

link

Vemos la primera parte del vídeo "Jesús Salvador". © Editorial Casals.

DIALOGAMOS

- ¿Cuál nos parece la cosa creada por Dios más bella de la toda la Creación?
- ¿Qué quiere decir que Dios modeló al hombre del polvo de la tierra?
- Además del cuerpo, todos los seres humanos tenemos alma. ¿Cómo vino a nosotros el alma?
- ¿Quién es superior, el hombre o la mujer?
- ¿Es superior el ser humano a las plantas y a los animales? ¿Por qué?

SOPA DE LETRAS

Busca las palabras que se piden debajo y remarca cada una con color:

H	B	R	O	D	A	E	R	C
M	I	M	I	M	A	G	E	N
U	B	A	M	L	A	Ñ	P	B
N	L	O	S	R	S	I	E	S
D	I	D	I	O	S	A	V	E
O	A	D	A	N	V	F	D	Q

Dios creó el...

Por eso a Dios lo llamamos el...

Dios creó el mundo en... días

¿Cómo se llamó el primer hombre?

¿Y la primera mujer?

El hombre y la mujer son... de Dios

El libro que narra la creación se llama...

ORACIÓN

Oh, Señor, ¡qué grande eres! Hiciste al hombre y a la mujer superiores a todos los demás seres de la tierra. Solo a ellos les diste inteligencia y libertad para que te conozcan y te amen. Y, así, hacerles felices para siempre contigo en el Cielo.

EL HOMBRE SE REBELA CONTRA DIOS

🎯 **OBJETIVO** Descubrir que el hombre se rebeló contra Dios desde sus primeros pasos y obedeció la propuesta del demonio.

📙 CATECISMO "Testigos del Señor": tema 9, p. 60-63. Preguntas 40-43.

PRIMERA PARTE

Dios quiso que nuestros primeros padres fueran felices en el Paraíso terrenal y, a la vez, le mostraran, con plena libertad, su gratitud y obediencia. Por eso les había puesto esta condición: "De todos los árboles del Paraíso podéis comer, menos del fruto del árbol de la ciencia del bien y del mal. Pues si coméis de él, moriréis" (Génesis 2, 17).

¿ESTARÁ AÚN AQUÍ EL ÁRBOL DE LA CIENCIA DEL BIEN Y DEL MAL?

1. INVESTIGAMOS

Nuestros primeros padres eran muy felices en el Paraíso terrenal. Gozaban de grandes bienes. No sufrían ningún mal, podían disfrutar de todas las cosas creadas, gozaban de libertad y de buena salud; además, Dios les había prometido, si le eran fieles, el don de la inmortalidad. Pero esto no era todo: por encima de todos estos bienes, Dios les había otorgado otro don muchísimo más grande que los anteriores: eran *hijos de Dios* por la gracia santificante y gozaban de la *amistad con Él*.

Sin embargo, rondaba cerca del Paraíso un temible enemigo: **el Demonio**, también llamado **Satanás**. Lleno de celos y envidia hacia Adán y Eva y esperaba el momento más favorable para tentarles y conquistarles para su bando.

DIALOGAMOS

¿De qué bienes gozaban Adán y Eva en el Paraíso?

¿Quién era Satanás y por qué tenía tanta envidia de Adán y de Eva? ¿Cuál era su objetivo?

2. LEEMOS EL TEXTO BÍBLICO

El capítulo 3 del Génesis contiene uno de los relatos más apasionantes de la Biblia, con imágenes simbólicas muy impactantes.

Génesis 3, 1-24. *La serpiente era la más astuta de las bestias del campo. Y dijo a la mujer: «¿Conque Dios os ha dicho que no comáis de ningún árbol del jardín?». La mujer contestó a la serpiente: «Podemos comer los frutos de los árboles del jardín; pero del fruto del árbol que está en mitad del jardín nos ha dicho Dios: "No comáis de él ni lo toquéis, de lo contrario moriréis"». La serpiente replicó a la mujer: «No, no moriréis; es que Dios sabe que el día en que comáis de él, se os abrirán los ojos, y seréis como Dios en el conocimiento del bien y el mal.*

Entonces la mujer se dio cuenta de que el árbol era bueno de comer, atrayente a los ojos y deseable para lograr inteligencia; así que tomó de su fruto y comió. Luego se lo dio a su marido, que también comió. Se les abrieron los ojos a los dos y descubrieron que estaban desnudos (…).

Dios llamó a Adán y le dijo: «¿Dónde estás?». Él contestó: «Oí tu ruido en el jardín, me dio miedo, porque estaba desnudo, y me escondí». El Señor Dios le replicó: «¿Quién te informó de que estabas desnudo?, ¿es que has comido del árbol del que te prohibí comer?». Adán

Vemos el vídeo **"El pecado de Adán y Eva".**

respondió: «La mujer que me diste como compañera me ofreció del fruto y comí» (…).

El Señor Dios dijo a la mujer: «¿Qué has hecho?». La mujer respondió: «La serpiente me sedujo y comí». Entonces el Señor dijo a la mujer: «Sufrirás mucho en tu preñez y parirás los hijos con dolor».

A Adán le dijo: «Comerás el pan con el sudor de tu frente, hasta que vuelvas a la tierra, porque de ella fuiste sacado; pues eres polvo y al polvo volverás».

COMPLETA

La Biblia nos enseña en el capítulo 3 del Génesis el origen del _____

Si todo lo creado por Dios es bueno, ¿cuál es el origen del mal? _____

La serpiente replicó a la mujer: -No, no moriréis; seréis como… _____

Dios le dijo a Adán: "Eres polvo y al polvo… _____

3. ANALIZAMOS EL TEXTO

Qué dice el texto

El texto muestra que Adán y Eva se sometieron al Demonio desobedeciendo el mandato de Dios. **Su pecado fue gravísimo, de rebelión, pues quisieron hacerse iguales a Dios, pero al margen de Él, rompiendo con Él y pactando con Satanás.**

Las consecuencias de su pecado fueron terribles:

- Perdieron la amistad con Dios.
- Perdieron el don de la inmortalidad.
- Abrieron las puertas al dolor, a la enfermedad y a las tentaciones del diablo.
- Y no solo para ellos sino para toda su descendencia hasta el fin del mundo. Adán y Eva transmitieron esta ruinosa herencia a todos sus descendientes.

Qué me dice Dios a mí

-No dialogues con las tentaciones que te presenta el _ _ _ _ _ _ _ _ _ , que es más listo que tú y te engañará, como engañó a tus

_ _ _ _ _ _ _ _ _ _ _ _ _ .

-Siempre que cedes a la _ _ _ _ _ _ _ _ _ , pierdes la alegría. Solo si retornas a mi amistad incondicional podrás recobrarla.

-La hecatombe que ves ahora en el mundo no la he producido Yo sino la rebelión del hombre y su entrega a Satanás.

-Pero no os he abandonado. Tengo un Plan de Salvación para todos, también para ti.

Qué le puedo decir yo a Dios

-Señor, reconozco que hay en mí una inclinación a la rebeldía y al pecado (a la soberbia, al egoísmo, a la envidia, a la pereza, a la impureza... y tantas cosas más).

-Quiero que Tú me ayudes a luchar contra mis pecados, a ser más humilde y reconocerlos, a seguir tus mandamientos.

-Sé que yo solo no puedo superar esas malas inclinaciones; que necesito tu ayuda y tu perdón. **Señor, ¿dónde lo puedo obtener?**

ORACIÓN

Señor, ten misericordia de mí, cometí la maldad que aborreces; reconozco mi culpa y te pido perdón. Dame, Señor, tu gracia para levantarme siempre que caiga. Amén

4. TESTIGOS DE LA FE

SAN MIGUEL Y SUS ÁNGELES

Antes de crear al ser humano, Dios creó los Ángeles, unos seres mucho más perfectos que los hombres. Los ángeles son espíritus puros, es decir totalmente espirituales. Tienen como misión dar gloria a Dios, ser sus mensajeros y ayudar a los hombres.

El ángel más perfecto era **Lucifer**. Este ángel, en un arrebato de soberbia, se rebeló contra Dios y quiso ser tan poderoso como Dios.

El libro del Apocalipsis cuenta que al comienzo de los tiempos hubo un gran combate en el cielo: *Miguel y sus ángeles combatieron contra el dragón (Satanás), y el dragón combatió, él y sus ángeles. Y no prevaleció y no quedó lugar para ellos en el cielo.Y fue precipitado el gran dragón, la serpiente antigua, el llamado Diablo y Satanás, el que engaña al mundo entero; fue precipitado a la tierra y sus ángeles fueron precipitados con él (Apocalipsis 12, 7.9).*

En nuestro tiempo, hay mucha gente (incluso cristianos) que piensan que el **Demonio** no existe. No lo dicen porque tengan pruebas de ello, sino sencillamente porque este sería su deseo. El cardenal Ratzinger (que luego sería el papa Benedicto XVI) dijo en su libro "Informe sobre la fe": "El Demonio es el enemigo número uno, es el tentador por excelencia. Este ser oscuro existe realmente y sigue actuando (…) para introducir entre nosotros la desviación (…). Es una realidad poderosa. El hombre por sí solo no tiene fuerza suficiente para oponerse a Satanás; pero unidos a Jesús podemos estar ciertos de vencerlo" (o. c. págs. 151-153).

El Demonio (también llamado Satanás) y sus secuaces eran ángeles creados buenos por Dios, que se transformaron en malvados porque rechazaron a Dios y a su Reino, dando así origen al infierno. Los demonios procuran apartar a los hombres de Dios y asociarles a su rebelión (cf. Compendio, n. 74).

CONSEJOS PARA LUCHAR CONTRA LAS TENTACIONES

Contamos con ayudas muy poderosas para vencer al Demonio en las *tentaciones*: la ayuda de Dios en los sacramentos de la Penitencia y la Eucaristía; acudir a la Virgen Santísima, al Ángel de la Guarda. Ellos jamás nos abandonarán si nosotros no les abandonamos.

Los Ángeles Custodios

Hay un día cada año especialmente dedicado a los Ángeles: el 2 de octubre, fiesta de los Ángeles Custodios. Ese día celebramos las grandes acciones de los Ángeles en favor de los hombres. En el Antiguo Testamento leemos, por ejemplo, cómo el Arcángel Rafael ayudó a Tobías y a su familia.

La presencia de los ángeles la vemos más patente aún en el Nuevo Testamento: Un ángel anuncia a la Virgen María que va a ser la Madre del Salvador; los ángeles cantan en la noche del nacimiento de Jesús; los ángeles aparecen en el sepulcro de Jesucristo, etc.

Dios ha encomendado a los Ángeles Custodios (o Ángel de la Guarda) cuidar de los seres humanos. A veces los ángeles nos hacen favores muy grandes, como el que hicieron a San Pedro al liberarle de la cárcel la víspera de su ejecución (Hechos, 12, 1-10). Otras veces los ángeles nos hacen favores sencillos para ayudarnos en el camino de la vida. También nos ayudan a vencer en las tentaciones.

Es bueno que tengamos la costumbre de invocar a diario a nuestro Ángel Custodio para que venga en nuestra ayuda o en la ayuda de nuestros amigos.

Podemos aprender a rezar una de estas oraciones:

Oración al Ángel de la Guarda

Ángel de mi Guarda, dulce compañía, no me desampares, ni de noche ni de día, no me dejes solo que me perdería.

Oración a San Miguel Arcángel

Arcángel San Miguel, defiéndenos en la lucha; sé nuestro amparo contra las acechanzas del Maligno: Reprímale Dios, te pedimos suplicantes. Y tú, Príncipe de la milicia celestial, arroja al infierno, con el divino poder a Satanás y a los demás espíritus que andan por el mundo tratando de perder a las almas. Amén.

Estas actividades son para hacer conjuntamente los padres (o uno de ellos) con el hijo o la hija. No es difícil encontrar unos minutos para ayudarles en su formación cristiana.

VER EL VÍDEO

link

Vemos el vídeo "El pecado de Adán y Eva".

ANALIZA ESTA FRASE

Un ingeniero decía en cierta ocasión: «Si yo no sigo correctamente el manual de instrucciones no puedo culpar al constructor de que el aparato no me funcione bien».

¿Qué "manual de instrucciones" había dado Dios a nuestros primeros padres?

¿Lo siguieron? ¿A quién obedecieron?

¿Nos lo podemos aplicar nosotros?

¿Cómo debemos usar la libertad que Dios nos ha dado?

¿VERDADERO O FALSO?

- Dios hizo al ser humano superior a todos los demás seres de la tierra

- Dios dio al ser humano inteligencia pero no libertad

- Con la libertad podemos elegir el bien pero no el mal

- Con la libertad podemos elegir el bien o el mal

- Adán y Eva eligieron el mal al no obedecer a Dios sino a la Serpiente

- Fue un pecado de desobediencia y de soberbia pues quisieron ser como Dios

RAZONAMOS

Piensa qué manuales de instrucciones nos ha dado Dios a nosotros:

¿El ejemplo de Jesús?

¿Los 10 mandamientos?

¿Alguno más? Escríbelo:

ORACIÓN

Rezamos juntos la oración de la página 20.

Encuentro 4
DIOS PROMETE UN SALVADOR

🎯 **OBJETIVO** Descubrir que Dios, tras el primer pecado, castigó al hombre justamente, pero no lo abandonó sino que anunció un plan para salvarle.

📕 **CATECISMO** "Testigos del Señor": tema 1, p. 16-19. Preguntas 44-51.

PRIMERA PARTE

Nada más pecar, la situación de santidad y de felicidad de nuestros primeros padres se transformó en otra muy distinta de tristeza y desolación.

Sin embargo, Dios no abandonó a los hombres en su desgracia. Al contrario, se acercó a ellos y les tendió su mano para ayudarles a salir de aquella triste situación.

¡TE SALVAREMOS!

¡SOCORRO, ME ESTOY AHOGANDO!

1. INVESTIGAMOS

Dios tiende su mano a los hombres

Después de haber pecado, nuestros primeros padres perdieron el estado de santidad y de amistad con Dios y su naturaleza quedó marcada por el sufrimiento y la muerte e inclinada al pecado.

Sin embargo, Dios tenía un plan de salvación para todos los hombres. Ese plan es el que nos va presentando la Biblia a través de diversos libros hasta llegar a Jesucristo. **Toda la Biblia se resume en una sola palabra: JESUCRISTO.**

Nosotros iremos descubriendo, poco a poco, este plan de salvación de Dios en Jesucristo.

DIALOGAMOS

¿Qué plan de salvación tenía Dios para los hombres?

¿Quién realizará en favor nuestro ese plan de salvación?

Tras el pecado de nuestros primeros padres, Dios no abandonó a su suerte a los seres humanos, sino que prometió a Adán y Eva un **Salvador**. En el libro del **Génesis, capítulo 3**, Dios anuncia un terrible combate entre el Bien y el Mal: entre la Serpiente y la Mujer, así como la victoria final de un descendiente de la Mujer. Veamos lo que dice el Génesis en un texto breve pero decisivo para la Humanidad:

El Señor Dios dijo a la serpiente: «Por haber hecho eso, maldita tú entre todo el ganado y todas las fieras del campo; te arrastrarás sobre el vientre y comerás polvo toda tu vida; pongo enemistad entre ti y la mujer, entre tu descendencia y su descendencia; esta te aplastará la cabeza cuando tú la hieras en el talón» (Génesis 3, 15).

«El hombre llamó a su mujer Eva, porque había de ser la madre de todos los vivientes» (Génesis 3, 20).

Dios expulsó a Adán y Eva del jardín de Edén, y el trabajo se convirtió, desde entonces, en algo costoso y, a veces, agotador. Al oriente del jardín del Edén colocó el Señor a unos querubines blandiendo espadas llameantes, para cerrar la entrada a ese lugar (Cf. Génesis 3, 23-24).

La **promesa de un Salvador** enviado por Dios quedó a la espera de que llegara el momento que el mismo Dios tenía decretado.

link

Vemos el vídeo **"Jesús Salvador"**.
© Editorial Casals.

LEEMOS Y DIALOGAMOS

Leemos el texto de Génesis 3, 15 y respondemos a estas preguntas:
- ¿Quién será esa Mujer? ¿Y quién será el descendiente de la Mujer?
- ¿Cuál será su misión? ¿Cómo la llevará a cabo?
- ¿Qué sacramento nos dejó donde se nos perdona el pecado original heredado de nuestros primeros padres?
- ¿En qué consiste el triunfo definitivo del Salvador sobre el demonio y la muerte?

Qué dice el texto

Dios condena la rebeldía de Adán y Eva, les recrimina lo que han hecho y les castiga justamente. Sin embargo, no les abandona a la tristeza y a la desolación, sino que **les promete un Redentor**, que nacerá de la estirpe de la mujer y derrotará al Demonio. Este relato (Génesis 3, 15) se llama *protoevangelio*, es decir, la primera "buena noticia" después del pecado y **el primer anuncio del** _ .

En este texto se anuncia **"una perpetua enemistad"** entre el Demonio y sus seguidores y la mujer con su descendencia. La Iglesia ha visto en esa mujer a una hija de Eva, la **Virgen María**, y la "descendencia" de esta es JESUCRISTO. La Virgen María aparece, pues, como una "nueva Eva", pues así como por la primera vino la muerte, por María nos vendrá la vida.

¿Qué significa que María es la "nueva Eva"?

Qué me dice Dios

Yo tomé la iniciativa de salvar al hombre porque el ser humano no podía hacerlo por sí mismo. Por eso fui a su encuentro para remediar el inmenso daño que se había hecho la Humanidad al usar mal el don de la libertad que les había regalado. En mi plan de salvación ocupa un lugar importantísimo la Virgen María, la criatura elegida para ser la Madre del Redentor.

¿Sabes por qué hice a la Virgen María "Inmaculada Concepción"?

Qué le puedo decir a Dios

¡Gracias, Señor, por el don tan grande e inmerecido del sacramento del Bautismo! **Quiero comprometerme en adelante a ser fiel a mi alianza contigo y en concreto a:**

REFLEXIÓN

¿Cómo explicarás a un amigo/a no cristiano quién es Jesucristo y quién es la Virgen María?

4. TESTIGOS DE LA FE

LA MISIÓN DE LA VIRGEN MARÍA EN LA IGLESIA

En los comienzos de la Revelación ya se habla de la Virgen María en la figura de una Mujer cuya descendencia aplastará la cabeza del Demonio (Génesis 3, 15).

En María se da *la mayor enemistad* que se pueda concebir entre la gracia y el pecado. María es la **"llena de gracia"**, como la llamó el ángel Gabriel en la Anunciación. El proyecto de Dios de contar con María para su plan de salvación de los hombres lo dio a conocer tras el pecado, pero lo tenía ya desde la eternidad, y por tanto, antes de la creación del mundo: *Antes que los abismos fui engendrada, antes que existieran las fuentes de las aguas (Proverbios 8, 24).*

La Iglesia ha atribuido a la Virgen María un extraordinario poder de intercesión ante Dios en ayuda del pueblo cristiano. **San Bernardo** supo plasmar este privilegio de Santa María en un texto bellísimo:

Si se levantan los vientos de las tentaciones, si tropiezas con los escollos de la tentación, mira a la estrella, llama a María.

Si te agitan las olas de la soberbia, de la ambición o de la envidia, mira a la estrella, llama a María.

Si turbado con la memoria de tus pecados, comienzas a hundirte en la sima sin fondo de la tristeza o en el abismo de la desesperación, piensa en María.

En los peligros, en las angustias, en las dudas, piensa en María, invoca a María. No se aparte María de tu boca, no se aparte de tu corazón; y para conseguir su ayuda intercesora no te apartes tú de los ejemplos de su virtud. No te descaminarás si la sigues, no desesperarás si la ruegas, no te perderás si en ella piensas.

ORAMOS UNIDOS: "Acordaos, ¡oh piadosísima Virgen María!, que jamás se ha oído decir que ninguno de los que han acudido a vuestra protección, implorando vuestro auxilio, haya sido desamparado.

Animado por esta confianza, a Vos acudo, Madre, Virgen de las vírgenes, y gimiendo bajo el peso de mis pecados me atrevo a comparecer ante Vos.

Madre de Dios, no deseches mis súplicas, antes bien, escúchalas y acógelas benignamente, Virgen gloriosa y bendita. Amén".

En la **Vigilia Pascual** se canta cada año el **Pregón Pascual** que es uno de los himnos más hermosos y emotivos de toda la liturgia cristiana, pues proclama el triunfo definitivo de Cristo sobre el demonio, el pecado y la muerte.

Pregón Pascual

(Recitar a dos coros)

Exulten por fin los coros de los ángeles,
exulten las jerarquías del cielo,
y por la victoria de Rey tan poderoso
que las trompetas anuncien la salvación.

Goce también la tierra, inundada de tanta claridad, y que, radiante con el fulgor del Rey eterno, se sienta libre de la tiniebla que cubría el orbe entero.

Porque Él ha pagado al eterno Padre la deuda de Adán y, derramando su sangre, canceló el recibo del antiguo pecado.

Necesario fue el pecado de Adán,
que ha sido borrado por la muerte de Cristo.
¡Feliz culpa la que mereció tal Redentor!

Feliz noche pues solo ella conoció el momento en el que Cristo resucitó entre los muertos.

Ésta es la noche de la que estaba escrito: «Será la noche clara como el día, la noche iluminada por mi gozo».

¡Qué noche tan dichosa
en que se une el cielo con la tierra,
lo humano y lo divino!

Te rogarnos, Señor, que este cirio,
consagrado a tu nombre,
arda sin apagarse.

Que el lucero matinal lo encuentre ardiendo,
ese lucero que no conoce ocaso
y es Cristo. Amén.

ORACIÓN

Señor, tú nos has dicho: «Donde abundó el pecado, sobreabundó la gracia». Hemos perdido el paraíso, pero hemos ganado el Cielo. La ganancia ha sido mayor que la pérdida. Por eso, ¡te alabamos y te bendecimos por siempre, Señor! Amén.

6. CATEQUESIS EN FAMILIA

Estas actividades son para hacer conjuntamente los padres (o uno de ellos) con el hijo o la hija. No es difícil encontrar unos minutos para ayudarles en su formación cristiana.

VER EL VÍDEO

link

Podemos ver el vídeo "Jesús Salvador".
© Editorial Casals.

DIALOGAMOS

· ¿Continuaron viviendo Adán y Eva en el Paraíso después de su pecado?

· ¿Cómo se llama a ese primer pecado? ¿Les abandonó Dios por haberle ofendido? ¿Qué promesa les hizo Dios?

EL SANTO ROSARIO

¿Conoces la devoción al Rosario de Nuestra Señora? ¿En qué consiste? ¿Cómo es un Rosario? ¿Qué son los misterios del Rosario? ¿Por qué intenciones los podemos ofrecer?

ORACIÓN

Dios te salve, María, llena eres de gracia; el Señor es contigo. Bendita Tú eres entre todas las mujeres, y bendito es el fruto de tu vientre, Jesús.
Santa María, Madre de Dios, ruega por nosotros, pecadores, ahora y en la hora de nuestra muerte. Amén.

¿CONOCES BIEN LA BIBLIA?

Lee en la Biblia el texto de Génesis 3, 15: «Pongo enemistad entre ti y la mujer, entre tu descendencia y su descendencia; esta te aplastará la cabeza cuando tú la hieras en el talón».

Responde:

¿Quién es el que habla? ¿A quién dirige sus palabras? ¿Quién es la mujer que menciona Dios? ¿Quién será el descendiente de esa mujer? ¿Cuál va a ser su misión en el mundo? ¿Cómo se llevará a cabo?

ESCRIBE CON LETRAS BONITAS

El nombre del Sacramento que nos hace hijos de Dios:

Y el nombre de la Mujer Madre del Salvador:

Encuentro 5
LA ALIANZA DE DIOS CON NOÉ

🎯 **OBJETIVO** Descubrir los males que acechan a la humanidad cuando se aleja de Dios y cómo Dios castiga el pecado pero siente misericordia hacia el hombre.

PRIMERA PARTE

Mateo, Nacho y Sonia hacen un largo y emocionante viaje de exploración a los más conocidos lugares de la Biblia.

En este momento están llegando a los montes de Arabat, donde según una antiquísima tradición encalló el ARCA DE NOÉ al finalizar el diluvio.

¡AQUEL ES EL MONTE DEL ARCA DE NOÉ!

DIALOGAMOS

¿Qué había visto Dios en los hombres?
¿Por qué decidió salvar a Noé, a su familia y a los animales?

1. INVESTIGAMOS

¿Quién era Noé?

Desde pequeños hemos oído hablar del Arca de Noé. ¿Pero quién era realmente Noé?

La Biblia nos lo cuenta en el libro del Génesis con bastante detalle. Noé era un hombre justo que amaba mucho a Dios. Tenía tres hijos llamados Sem, Cam y Jafet. En su tiempo, la tierra estaba corrompida por la maldad de los hombres y llena de violencia. La cadena de desobediencias de los hombres a Dios iba en aumento.

Un día habló Dios a Noé y le dijo: «He visto la maldad de los hombres y voy a inundar la tierra con un diluvio, pues me pesa haberlos creado». Noé obtuvo el favor del Señor y este le explicó cómo debería proceder. Debía construir un gran Arca de madera en la que cupiera él con su familia y una pareja, macho y hembra, de cada especie animal (Cf. Génesis 6).

link

Vemos el vídeo
"el Arca de Noé"

Génesis (capítulos 6 al 9):

Dijo Dios a Noé: «Fabrícate un arca de madera de ciprés. Yo voy a enviar el diluvio a la tierra para exterminar toda criatura viviente bajo el cielo. Pero yo estableceré mi alianza contigo y entrarás en el arca con tu mujer, tus hijos y sus mujeres. Meterás también en el arca una pareja de cada criatura viviente, macho y hembra, para que conserve la vida contigo».

El diluvio duró cuarenta días sobre la tierra; el agua creció y levantó el arca, que se alzó hasta cubrir las montañas más altas bajo el cielo. Perecieron todas las criaturas que se movían en la tierra.

Pasados cuarenta días, Noé abrió la claraboya que había hecho en el arca y soltó el cuervo, que regresó al arca de Noé. Después soltó la paloma, que también retornó. Noé esperó otros siete días y de nuevo soltó la paloma desde el arca. Al atardecer, la paloma volvió con una hoja verde de olivo en el pico. Noé comprendió que el agua había menguado sobre la tierra. Esperó todavía otros siete días y soltó la paloma, que ya no volvió.

Noé levantó un altar al Señor, tomó animales y aves y los ofreció en sacrificio sobre el altar. Dios bendijo a Noé y a sus hijos diciéndoles: «Sed fecundos, multiplicaos y llenad la tierra». Luego añadió: **«Yo establezco mi alianza con vosotros y con vuestros descendientes** (…): el diluvio no volverá a destruir criatura alguna ni habrá otro diluvio que devaste la tierra».

Dios añadió: «Esta es la señal de la alianza que establezco con vosotros y con todo lo que vive con vosotros, para todas las generaciones: pondré mi arco en el cielo, como señal de mi alianza con la tierra. Cuando traiga nubes sobre la tierra, aparecerá el arco en las nubes, y al verlo recordaré la alianza perpetua entre Dios y todos los seres vivientes».

DIALOGAMOS

¿Por qué Dios envió el diluvio?
¿Había fracasado el proyecto de Dios al crear al ser humano?
¿Cómo le va a la Humanidad cuando se aleja de Dios?
La Biblia dice que Noé construyó el arca "movido por la fe";
¿qué significan estas palabras?

3. ANALIZAMOS EL TEXTO

Qué dice el texto

El texto nos dice que la maldad de los hombres era tal que Dios se arrepintió de haberlos creado. Sin embargo, una vez más, se manifiesta la misericordia de Dios: en lugar de exterminar al género humano, **establece con Noé una nueva alianza** y le entrega a él y a su familia, una alianza renovada con la promesa de que nunca más volvería a destruir el mundo con otro diluvio (Génesis 9, 12).

Como sucedió tras la rebeldía de Adán y Eva, Dios castiga el pecado pero siente misericordia del hombre. En adelante, a lo largo de toda la historia de la humanidad se repetirá esta situación: **el hombre se aparta de Dios y Dios siempre le sale al encuentro para ofrecerle la salvación.**

Qué me dice Dios a mí

¿Qué postura vas a tomar tú? ¿Vas a romper la alianza conmigo como hicieron los hombres en tiempos de Noé o vas a seguir el ejemplo de este?

¿Descubres alguna semejanza entre la sociedad actual y la del tiempo del diluvio universal?

La Iglesia es la barca de salvación que os he dejado. **¿Estás dispuesto a ser en la Iglesia un miembro activo o un peso muerto alejado de los sacramentos? ¿Me lo puedes decir a mí?**

Qué le puedo decir yo a Dios

Ayúdame, Señor, a conocerte más y a conocer mejor la Iglesia que Tú nos has dejado como medio para nuestra salvación.

Dile al Señor lo que tú estás dispuesto a hacer para ser fiel a la alianza en una sociedad que está tan alejada de Él:

ORACIÓN

Jesús, quiero ser fiel a la alianza que tengo contigo.
Pero necesito que Tú y tu Madre me ayudéis, pues
yo solo no puedo. ¡Con tu ayuda podré!
¡No permitas que jamás me separe de Ti!

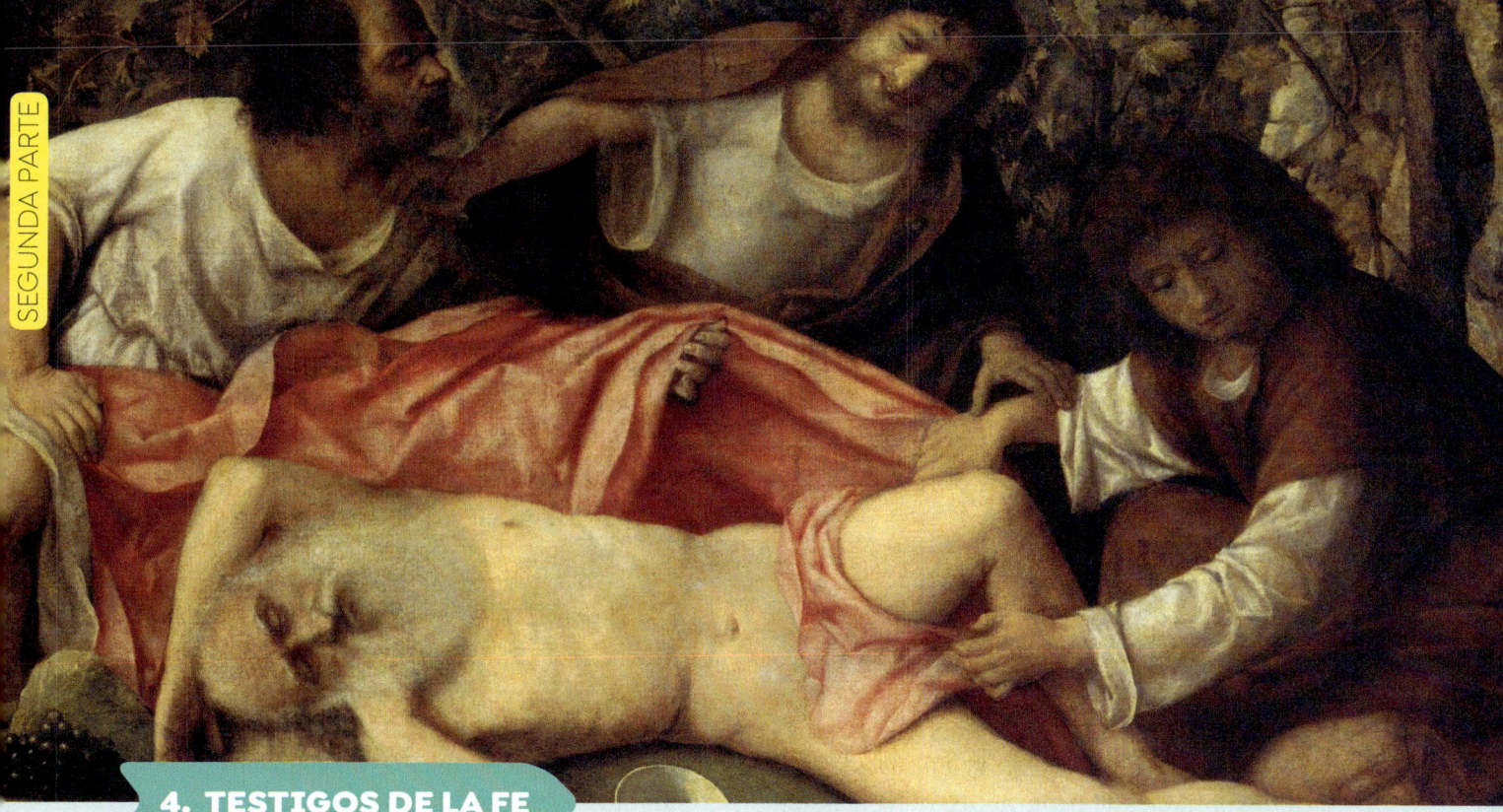

4. TESTIGOS DE LA FE

Sem y Jafet, hijos de Noé
(Génesis 9, 18-28)

Los tres hijos de Noé se llamaban Sem, Cam y Jafet. Ellos le ayudaron a seleccionar cada pareja de animales, macho y hembra, que habían de conservar la vida junto con Noé y su familia. Así mismo recogieron toda clase de alimentos que les sirvieran de sustento durante el diluvio.

Terminado el diluvio, un día Noé bebió del vino de su viña y descubrió que tenía un sabor agradable; bebió en exceso y se emborrachó quedando desnudo dentro de su tienda de campaña. Cam, padre del pueblo de Canaán, vio a su padre desnudo, se burló de él y salió a contárselo a sus dos hermanos. Sem y Jafet reaccionaron de muy distinta manera: tomaron el manto de su padre y taparon su desnudez.

Cuando Noé se despertó de la borrachera, se enteró de cómo habían reaccionado sus tres hijos, y declaró: «Bendito sea el Señor, Dios de Sem. Sea Canaán su siervo. El Señor haga fecundo a Jafet y sea Canaán su siervo». Noé vivió después del diluvio trescientos cincuenta años.

¿QUÉ NOS ENSEÑA LA HISTORIA DE NOÉ Y EL DILUVIO?

1. El Arca de Noé es figura del sacramento del Bautismo. En este sacramento recibimos el agua de la salvación; y Noé y su familia fueron salvados también a través del agua.

2. Noé nos enseña las virtudes de la fe y de la obediencia al Señor, pues, advertido por Dios, hizo cuanto Él le había ordenado.

3. El Arca es también figura de la Iglesia, pues también esta ha de pasar por el mundo a través de graves dificultades y peligros.

4. La historia del diluvio nos enseña qué destino espera a los hombres cuando se alejan de Dios y cuánto vale la fidelidad de un hombre como Noé.

5. CELEBRAMOS

El diluvio y el sacramento del Bautismo

En la antigüedad algunos Padres de la Iglesia vieron una estrecha relación entre el relato del diluvio universal que hace el libro del Génesis y el Sacramento del Bautismo. Esta relación está sintetizada en el **Catecismo de la Iglesia Católica** cuando expone la doctrina de la Iglesia sobre el Bautismo.

La prefiguración del Bautismo

CEC, 1217: En la liturgia de la Vigilia Pascual, cuando *se bendice el agua bautismal*, la Iglesia hace solemnemente memoria de los grandes acontecimientos de la Historia de la salvación que prefiguraban ya el misterio del Bautismo:

«¡Oh Dios! [...] que realizas en tus sacramentos obras admirables con tu poder invisible, y de diversos modos te has servido de tu criatura el agua para significar la gracia del bautismo» (Vigilia Pascual, Bendición del agua: Misal Romano).

CEC, 1218: Desde el origen del mundo, el agua, criatura humilde y admirable, es la fuente de la vida y de la fecundidad. La Sagrada Escritura dice que el Espíritu de Dios "se cernía" sobre ella (cf. Gn 1,2):

«¡Oh Dios!, cuyo Espíritu, en los orígenes del mundo, se cernía sobre las aguas, para que ya desde entonces concibieran el poder de santificar» (Vigilia Pascual, Bendición del agua: Misal Romano).

CEC, 1219: La Iglesia ha visto en el arca de Noé una prefiguración de la salvación que realiza el bautismo, que, por una parte, destruye el pecado original y los pecados personales, y, por otra, nos comunica la nueva vida.

«¡Oh Dios!, que incluso en las aguas torrenciales del diluvio prefiguraste el nacimiento de la nueva humanidad, de modo que una misma agua pusiera fin al pecado y diera origen a la santidad (Vigilia Pascual, Bendición del agua: Misal Romano).

ORACIÓN

Te rogamos nos concedas dar una gran importancia al Sacramento del Bautismo pues, por él, Jesucristo, perdona nuestros pecados y nos comunica la vida nueva de los hijos de Dios.

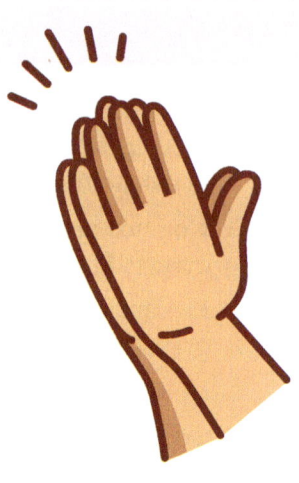

Estas actividades son para hacer conjuntamente los padres (o uno de ellos) con el hijo o la hija. No es difícil encontrar unos minutos para ayudarles en su formación cristiana.

VER EL VÍDEO

link

Vemos el vídeo **"El bautismo de Jesús".**
© Editorial Casals.

¿CONOCES BIEN LA BIBLIA?

Cuenta a tus padres la historia de Noé y el diluvio universal. No te olvides de contarles:

· ¿Por qué Dios decidió enviar un diluvio a la tierra?

· ¿Qué tipo de embarcación construyó Noé?

· Cuánto tiempo duró el diluvio y cómo supo Noé que había terminado.

· ¿Qué hizo Noé al bajar del Arca?

RENOVACIÓN DE LA FE Y LAS PROMESAS BAUTISMALES

Los padres: Ahora vais a renovar vuestra fe, que es la fe de la Iglesia.

Un padre al hijo: ¿Crees en Dios Padre Todopoderoso Creador del cielo y de la Tierra? *R. Sí Creo.*

Padre: ¿Crees en Jesucristo, su único Hijo, nuestro Señor, que nació de Santa María la Virgen, murió, fue sepultado, resucitó entre los muertos y está sentado a la derecha del Padre? *R. Sí Creo.*

Padre: ¿Crees en el Espíritu Santo, en la Santa Iglesia Católica, en el perdón de los pecados, en la resurrección de los muertos y en la vida eterna? *R. Sí Creo.*

A continuación todos decimos: Esta es nuestra fe, esta es la fe de la iglesia, que nos gloriamos de profesar en Jesucristo Nuestro Señor. Amén. (Terminamos rezando un *Padrenuestro*).

SOPA DE LETRAS

· ¿Sabes lo que es una Alianza?

· Busca en esta SOPA DE LETRAS ocho palabras que sean sinónimos de ALIANZA.

· Y recuerda que tú tienes una ALIANZA con Dios desde tu Bautismo.

N	O	I	C	A	R	E	D	E	F
A	N	I	L	L	O	G	U	M	N
S	O	R	T	I	J	A	F	A	S
Z	R	P	X	A	U	N	I	O	N
X	T	A	Z	N	W	L	A	Z	O
V	Y	C	B	Z	E	I	R	T	U
B	U	T	M	A	R	G	B	V	C
K	P	O	D	O	T	A	R	T	R

Encuentro 6
LA ALIANZA DE DIOS CON ABRAHÁN

OBJETIVO Admirar la fe y la obediencia de Abrahán, que se fía completamente de Dios cuando le dice y pide cosas que parecen imposibles.

CATECISMO "Testigos del Señor": tema 10, p. 64–67.

Después de explorar los montes Arabat los tres viajeros se trasladaron en un viejo avión a la región de Canaán. En esta región Dios prometió a Abrahán que le haría padre de un gran pueblo y que su descendencia sería más numerosa que las estrellas del cielo y que las arenas del mar; aunque era viejo y no podía tener hijos.

DIOS PROMETIÓ AQUÍ A ABRAHAM UNA DESCENDENCIA MÁS NUMEROSA QUE LAS ESTRELLAS DEL CIELO.

1. INVESTIGAMOS

¿Quién era Abrahán?

Muchos siglos después de Noé, la Biblia nos cuenta en el libro del Génesis que existió un hombre justo que entonces se llamaba Abrán. Este será el hombre elegido por Dios hace unos 4.000 años para realizar con él y su descendencia una alianza. Abrán se fió de Dios y supo hacer frente a grandes y difíciles pruebas. Fue tanta su fe y su docilidad a los planes de Dios que es considerado como "padre en la fe" por judíos, cristianos y musulmanes.

El Señor ordenó a Abrán: *Sal de tu tierra, de tu patria y de la casa de tu padre, y ve a la tierra que yo te mostraré; haré de ti un gran pueblo, te bendeciré y engrandeceré tu nombre. Y en ti serán bendecidos todos los pueblos de la tierra* (Génesis 12, 1-3).

DIALOGAMOS

¿Qué significan las palabras que Dios dijo a Abrán y en especial la frase final?

Génesis (capítulos 15 y 17):

Una vez en Canaán, la palabra del Señor llegó a Abrán en una visión y le dijo: «No temas, Abrán, yo soy tu escudo; tu paga será abundante». Abrán contestó: «Señor Dios, ¿qué me vas a dar si soy estéril, y mi criado Eliezer de Damasco será el amo de mi casa?».

Pero el Señor le dirigió esta palabra: «No te heredará ese, sino que uno salido de tus entrañas será tu heredero». Luego lo sacó afuera y le dijo: «Mira al cielo, y cuenta las estrellas, si puedes contarlas». Y añadió: «Así será tu descendencia».

Cuando Abrán tenía noventa y nueve años, se le apareció de nuevo el Señor y le dijo: «Yo soy Dios todopoderoso, camina en mi presencia y sé perfecto. Yo concertaré una alianza contigo: te haré crecer sin medida». Abrán cayó rostro en tierra y Dios le habló así:

«Por mi parte, **esta es mi alianza contigo: serás padre de muchedumbre de pueblos.** Ya no te llamarás Abrán, sino Abrahán, porque te hago padre de muchedumbre de pueblos. Te haré fecundo sobremanera: sacaré pueblos de ti, y reyes nacerán de ti (…). Os daré a ti y a tu descendencia futura la tierra en que peregrinas, la tierra de Canaán, como posesión perpetua, y seré vuestro Dios».

link

Vemos el vídeo **"Abrahám, un hombre con fe"**.

El Señor añadió a Abrahán: «Por tu parte, guarda mi alianza, tú y tus descendientes en sucesivas generaciones. Esta es la alianza que habréis de guardar (…); A los ocho días de nacer serán circuncidados todos los varones de cada generación: los nacidos en casa y los comprados con dinero a extranjeros que no sean de vuestra raza».

El Señor dijo a Abrahán: «Saray, tu mujer, ya no se llamará Saray, sino Sara. La bendeciré y te dará un hijo, a quien también bendeciré. De ella nacerán pueblos y reyes de naciones».

Abrahán cayó rostro en tierra y se sonrió, pensando en su interior: «¿Un centenario va a tener un hijo y Sara va a dar a luz a los noventa?».

LEEMOS Y DIALOGAMOS

¿Era libre Abrahán para seguir o no seguir la misión a la que Dios le llamaba? ¿Qué decisión tomó?

¿Qué fuerza empujaba a Abrahán para responder tan fielmente a Dios?

3. ANALIZAMOS EL TEXTO

Qué dice el texto

Dios le prometió a Abrahán que lo protegería siempre, que sería su escudo, que le iba a hacer padre de una numerosa descendencia a pesar de ser él estéril y su mujer, Sara, muy anciana. Abrahán se fio completamente de Dios y creyó en su palabra.

Gracias a su rendida fe y total obediencia, Dios le prometió realizar la salvación de los hombres. Por esa confianza plena en Dios, Abrahán es modelo de todos creyentes y es considerado "padre de todos los creyentes".

Qué me dice Dios a mí

¿Recuerdas algún acontecimiento en tu vida o en la de otros que parecía "imposible" y que, luego, se ha realizado? ¿Cuál?

¿Te das cuenta de que hoy también hacen alianzas los amigos, los políticos, los hombres de negocios…? ¿Y te extrañas de que Yo quiera hacer una alianza contigo, con cada ser humano? Piénsalo.

¿Cómo podrías tú recorrer el camino catecumenal que has emprendido como aliado mío? ¿Piensas que este camino es imposible o que con mi ayuda lo puedes realizar? ¿Qué puedo aportar a tu vida si me eres fiel?

Qué le puedo decir yo a Dios

Señor, ¿qué me estás pidiendo ahora? Dame tu gracia para seguir tus indicaciones aunque me cueste mucho. Que no me resista ni te dé largas.

Señor, tú pediste a Abrahán cosas que parecían imposibles. Se fio de Ti y no fueron imposibles. Ayúdame a fiarme completamente de ti en lo que me pidas, aunque me parezcan imposibles para mí.

Enséñame a descubrir tu voluntad cuando reflexiono en tu Palabra (lectura o meditación de la Sagrada Escritura); en los consejos que me dan mis padres y mis educadores…); y en los sucesos de cada día.

PARA TU VIDA CRISTIANA

¿De qué forma se manifiesta la fe en la respuesta que da Abrahán a Dios? ¿Y la obediencia?
¿Cuál de estas virtudes te parece más necesaria para vivir como un verdadero cristiano?
¿Cómo deberías tú practicar la virtud de la fe? ¿Y la de la obediencia?

4. TESTIGOS DE LA FE

ABRAHÁN, NUESTRO PADRE EN LA FE

"Abrahán" significa "padre de multitudes". Dios cambió el nombre a Abrán para indicar que le confiere una nueva personalidad y una nueva misión. Ambas quedan reflejadas en el significado del nuevo nombre "Abrahán". Además, Dios establece un signo –la circuncisión- como señal que deberán llevar todos los descendientes de Abrahán, que formarán el "Pueblo de la Alianza".

La circuncisión consistía en un pequeño corte circular en el prepucio. Sólo se circuncidaba a los varones porque las genealogías de los clanes y tribus se enunciaban a través de ellos.

Jesús fue circuncidado al octavo día (Lucas 2,21) en señal de su inserción en la descendencia de Abrahán, el pueblo de la Alianza (más tarde llamado pueblo de Israel). Jesús muchas veces recriminó a los israelitas el no ser fieles a la Alianza. Jesucristo suprimió la circuncisión para sus discípulos porque como enseña San Pablo *"en Cristo Jesús no tiene valor la circuncisión ni la incircuncisión, sino la fe que actúa por la caridad"* (Gálatas 5,6).

Dios había prometido a Abrahán que *"en su descendencia serían bendecidas todas las naciones de la tierra"* (Génesis 12, 3). De esa "descendencia" nacerá **Jesucristo** (Génesis 3, 16), **cuyo Sacrificio Redentor de la Cruz fue ofrecido por Él para el beneficio de todos los seres humanos de la tierra de todos los tiempos.**

Los judíos y los musulmanes también tienen a Abrahán como su "padre en la fe", pues las tres religiones monoteístas (**cristianismo, judaísmo e islamismo**), según sus respectivas tradiciones, proceden de Abrahán. Las tres religiones "abrahámicas" suponen algo más de la mitad de los creyentes del mundo, pues suman unos 3.800 millones de fieles.

REFLEXIONAMOS

- ¿Por qué Dios cambió el nombre a Abrán y le llamó Abrahán?
- ¿Qué relación hay entre Abrahán y Jesucristo? (ver el capítulo 1 del evangelio de Mateo).
- ¿Qué significa que "en Cristo no tiene valor la circuncisión sino la fe que actúa por la caridad"?
- ¿Hay en el cristianismo un rito de entrada a la Iglesia de Cristo? ¿Cuál es ese rito?

Himno de San Pablo al plan de Salvación de Dios en Jesucristo

San Pablo comienza su Epístola a los Efesios con un himno en el que exalta el plan de Salvación de Dios para los hombres. Lo podemos recitar formando dos coros, uno por estrofa:

Bendito sea Dios,
Padre de Nuestro Señor Jesucristo,
que nos ha bendecido
en Cristo con toda clase de bendiciones
espirituales en los cielos.

Él nos eligió en Cristo antes de la constitución
del mundo para que fuésemos santos
e inmaculados ante él por el amor.

Él nos ha destinado a ser sus hijos
adoptivos por medio de Jesucristo,
según el beneplácito de su voluntad.

En Él, por su sangre, tenemos la redención,
el perdón de los pecados, conforme a la
riqueza de la gracia
que en su sabiduría y prudencia ha
derramado sobre nosotros, dándonos a conocer
el misterio de su voluntad:

el plan que había proyectado realizar
por Cristo, en la plenitud de los tiempos:
recapitular en Cristo todas las cosas del cielo
y de la tierra (…).

Por Él, también vosotros, al haber creído,
fuisteis sellados con el Espíritu Santo que se
nos había prometido (Efesios 1, 1-10).

ORACIÓN

Te damos gracias, Señor, por haber dicho a Abrahán: en ti serán bendecidos todos los pueblos de la tierra. Ayúdanos a ser fieles a la alianza que tenemos contigo desde nuestro Bautismo y a perseverar siempre en ella.

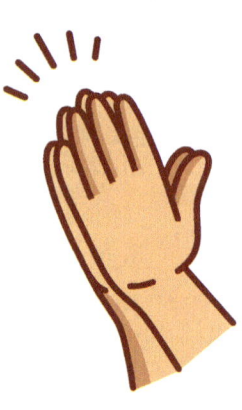

6. CATEQUESIS EN FAMILIA

Estas actividades son para hacer conjuntamente los padres (o uno de ellos) con el hijo o la hija. No es difícil encontrar unos minutos para ayudarles en su formación cristiana.

VER EL VÍDEO

link

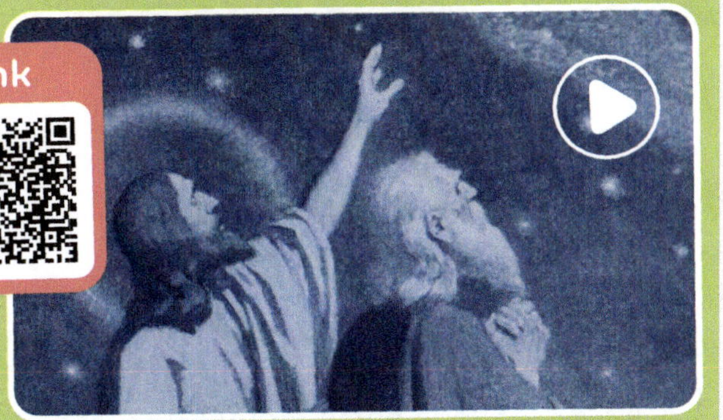

Vemos el vídeo **"Abrahám, un hombre con fe"**.

DIALOGAMOS

Dialogamos sobre la misión que Dios le confió a Abrahán y cómo fue la respuesta de este.

¿CONOCES BIEN LA BIBLIA?

Completa las palabras que faltan en este importante texto del Génesis: *(Puedes consultar antes la página 43)*.

El Señor ordenó a Abrahán: Sal de tu __________, de tu patria y de la casa de tu padre, y ve a la __________ yo te mostraré; haré de ti un gran __________, te bendeciré y engrandeceré tu nombre. Y en ti serán __________ todos los pueblos de la __________ (Génesis 12, 1-3).

Resume en una frase el mensaje que Dios da a Abrahán:

DIBUJA

DIBUJA los tres símbolos de las tres religiones que consideran a Abrahán como su "padre en la fe" (no hace falta que dibujes las manos como en la pág. 45). Escribe debajo de cada símbolo por qué esa religión tiene a Abrahán por "padre en la fe").

JUDÍOS	ÁRABES	CRISTIANOS

DIOS PRUEBA LA FE DE ABRAHÁN

🎯 **OBJETIVO** Aprender a fiarse completamente de Dios, como Abrahán, que llegó hasta el sacrificio de su propio hijo, Isaac.

📕 **CATECISMO** "Testigos del Señor": tema 10, p. 64–67.

PRIMERA PARTE

Según antiquísimas tradiciones, el lugar señalado por Dios a Abrahán para el sacrificio de su hijo Isaac, fue la cumbre del monte Moria, entonces un terreno rocoso y con abrojos. En ese mismo lugar sagrado, muchos años después, el rey David fundó y mandó construir la ciudad de Jerusalén.

ESE ES EL MONTE MORIA DONDE EL REY DAVID EDIFICÓ JERUSALÉN.

1. INVESTIGAMOS

Dios prueba la fe de Abrahán

Dios quiso poner a prueba la fe y la obediencia de Abrahán, al que había prometido que su descendencia sería más numerosa que las estrellas del cielo. Pasaron muchos años y Abrahán llegó a los cien. Para entonces Sara era muy anciana y, por tanto estéril. No obstante, Abrahán siguió creyendo en la promesa que Dios le había hecho.

Su fe fue recompensada, pues un día Dios le aseguró que pronto tendría un hijo. Al fin lo tuvo y lo llamó Isaac. Cuando este era ya un muchacho, Dios volvió a probar su fe y le mandó que sacrificara a su hijo. Abrahán, sin titubear, subió al monte para sacrificar a su hijo al Señor.

DIALOGAMOS

Teniendo Abrahán cien años y su mujer otros tantos, ¿era humanamente lógico esperar un hijo? ¿Por qué Abrahán siguió creyendo a Dios?

Génesis 22, 1-18. *Después de estos sucesos, Dios puso a prueba a Abrahán. Le dijo: «¡Abrahán!». Él respondió: «Aquí estoy». Dios dijo: «**Toma a tu hijo único, al que amas, a Isaac, y vete a la tierra de Moria y ofrécemelo allí en holocausto** en uno de los montes que yo te indicaré».*

Abrahán madrugó, aparejó el asno (…) tomó la leña para el holocausto, se la cargó a su hijo Isaac, y él llevaba el fuego y el cuchillo. Los dos caminaban juntos.

Isaac dijo a Abrahán, su padre: «Padre». Él respondió: «Aquí estoy, hijo mío». El muchacho dijo: «Tenemos fuego y leña, pero ¿dónde está el cordero para el holocausto?».

Abrahán contestó: «Dios proveerá el cordero para el holocausto, hijo mío». Y siguieron caminando juntos.

Cuando llegaron al sitio que le había dicho Dios, Abrahán levantó allí el altar y apiló la leña, luego ató a su hijo Isaac y lo puso sobre el altar, encima de la leña. Entonces Abrahán alargó la mano y tomó el cuchillo para degollar a su hijo.

Pero el ángel del Señor le gritó desde el cielo: «¡Abrahán, Abrahán!». Él contestó: «Aquí estoy».

*El ángel le ordenó: «**No alargues la mano contra el muchacho ni le hagas nada**. Ahora he comprobado que temes a Dios, porque no te has reservado a tu hijo, a tu único hijo».*

*Abrahán levantó los ojos y vio un carnero enredado por los cuernos en la maleza. Se acercó, tomó el carnero y lo ofreció en sacrificio en lugar de su hijo. El ángel del Señor llamó a Abrahán por segunda vez desde el cielo y le dijo: «Juro por mí mismo, por haber hecho esto, por no haberte reservado tu hijo, tu hijo único, te colmaré de bendiciones y multiplicaré a tus descendientes como las estrellas del cielo y como la arena de la playa (…). **Y todas las naciones de la tierra serán bendecidas en tu descendencia, por haber escuchado y obedecido a mi voz**».*

link

Podemos volver a ver el vídeo "Abrahán, un hombre de fe"

3. ANALIZAMOS EL TEXTO

Qué dice el texto

Dios somete a Abrahán a una durísima prueba: como padre y como creyente. Como padre, pues le manda sacrificar a su hijo; y como creyente, porque ese hijo es quien le había de dar una numerosa descendencia.

Pero la fe de Abrahán es tan firme que prefiere obedecer a Dios antes que a él o a su hijo. Abrahán se fio completamente de Dios, pues estaba seguro de que Dios tenía poder para resucitar a su hijo después de muerto y realizar así su promesa. Por esta confianza total en Dios, Abrahán es modelo de todos los que creen en Dios.

Qué me dice Dios

¿Recuerdas haber obedecido alguna vez mi voz como me obedeció Abrahán, es decir de un modo pleno y total, sin vacilaciones?

Hay unas palabras de San Pablo que son aplicables en este caso: «El que no perdonó a su propio, sino que lo entregó por todos nosotros, ¿cómo no nos dará con él todas las cosas?» (Romanos 8, 32). **¿Qué significan estas palabras para ti?**

¿Te lleva tu fe a fiarte totalmente de mí? ¿Recuerdas alguna vez en que te sucedió esto?

Qué le puedo decir yo a Dios

Igual que Tú hiciste una gran alianza con Abrahán, quiero yo hoy hacerla contigo. ¿Sabes en qué va a consistir mi alianza contigo? **Te lo voy a contar:**

ORACIÓN

Señor, tú pediste a Abrahán cosas que parecían imposibles. Se fió de Ti y no fueron imposibles. Ayúdame a fiarme completamente de ti en lo que me pidas, aunque me parezca que es imposible para mí.

4. TESTIGOS DE LA FE

Isaac, un muchacho con mucha fe

Dios pidió a Abraham que le sacrificase a su hijo Isaac, su único hijo, que le había de dar una inmensa descendencia. Abraham acató el mandato de Dios y se encaminó hacia lo alto del monte Moria acompañado de Isaac, que era un muchacho de unos 12 años. Dice la carta a los Hebreos que, mientras caminaban, Abrahán iba diciendo para sí: «*Dios es poderoso para resucitarlo. Por eso lo recobró y fue como un símbolo*» (Heb. 11, 17-19).

Pero, **junto a la fe de Abrahán, podemos admirar también la fe de Isaac.** Mientas subían al monte, Isaac observó que él iba cargado con la leña y su padre llevaba solo el fuego y el cuchillo, pero que ninguno de los dos llevaba el cordero para el sacrificio. Entonces, preguntó Isaac a su padre:«*¡Padre! Aquí está el fuego y la leña, pero, ¿dónde está el cordero para el sacrificio?*». Respondió Abrahán: «*Dios proveerá el cordero para el sacrificio*» (Génesis, 22, 7-8).

A partir de este instante, Isaac debió ser plenamente consciente de que él iba a ser la víctima del sacrificio. Y en su interior, por medio de la fe, una fe comparable a la de su padre Abrahán, aceptó plenamente la muerte, si esa era la voluntad del Señor.

La escena del sacrificio de Isaac presenta unas extraordinarias semejanzas con la del sacrificio de Jesucristo en la Cruz. Isaac, cargado con la leña camino del monte, es figura de Cristo cargado con la cruz camino del Calvario. Isaac se entrega voluntariamente a la muerte, al igual que Cristo se entrega libremente a la Pasión y a la Muerte. Al final, el ángel ratifica a Abrahán que su descendencia será bendecida por haber obedecido al Señor, lo cual es anuncio de las bendiciones que Dios derrama sobre el mundo cada día en cada Misa que renueva el sacrificio del Calvario.

COMPLETA

Junto a la fe de Abrahán es preciso admirar la fe de _____

Isaac se dio cuenta cuando subían al monte que él iba a ser el _____

Isaac aceptó morir sacrificado si esa era la voluntad de _____

Esta escena recuerda mucho la del sacrificio de _____ en la _____

Salmo 31
Confianza plena en el Señor
(para recitar formando dos coros)

Señor, a ti me acojo:
no quede yo nunca defraudado;
tú, que eres justo, ponme a salvo,
inclina tu oído hacia mí;
ven aprisa a librarme,
sé la roca de mi refugio,
un baluarte donde me salve,

tú eres mi roca y mi baluarte;
porque tú eres mi amparo. A tus manos
encomiendo mi espíritu:
tú, el Dios leal, me librarás; tú aborreces a
los que veneran ídolos inertes,
pero yo confío en el Señor;
tu misericordia sea mi gozo y mi alegría.

Te has fijado en mi aflicción,
velas por mi vida en peligro; no me has
entregado en manos del enemigo,
has puesto mis pies en un camino ancho.

Señor, no quede yo defraudado
tras haber acudido a ti;
queden defraudados los malvados,
y bajen llorando al abismo, enmudezcan

los labios mentirosos,
que profieren insolencias contra el justo,
con soberbia y con desprecio.

Qué bondad tan grande, Señor,
reservas para los que te temen,
y concedes a los que a ti se acogen
a la vista de todos. En el asilo de tu
presencia los escondes
de las conjuras humanas;
los ocultas en tu tabernáculo,
frente a las lenguas pendencieras.

Bendito sea el Señor, que ha hecho por mí
prodigios de misericordia
en la ciudad amurallada.
Yo decía en mi ansiedad:
«Me has arrojado de tu vista»;
pero tú escuchaste mi voz suplicante
cuando yo te gritaba.

Amad al Señor, fieles suyos;
el Señor guarda a sus leales,
y a los soberbios los paga con creces. Sed
fuertes y valientes de corazón
los que esperáis en el Señor.

ORACIÓN

Señor, a ti me acojo: no quede yo nunca defraudado;
sé la roca de mi refugio, un baluarte donde me salve;
tu misericordia sea mi gozo y mi alegría. Amén.

Estas actividades son para hacer conjuntamente los padres (o uno de ellos) con el hijo o la hija. No es difícil encontrar unos minutos para ayudarles en su formación cristiana.

SELECCIONA

Selecciona las dos respuestas verdaderas:

La Alianza de Abrahán con Dios fue:

- ○ Una Alianza para toda la vida.
- ○ Una Alianza interesada.
- ○ Una Alianza de fidelidad y de amor.
- ○ Una Alianza que era imposible de cumplir.

RESPONDE LAS PREGUNTAS

Nos fijamos ahora en Isaac:

¿Qué edad tendría Isaac?

_ _ _ _ _ _ _ _

¿Por qué fue con su padre al monte Moria?

_ _ _ _ _ _ _ _

¿Cuándo supo que él iba a ser la víctima del sacrificio?

_ _ _ _ _ _ _ _

¿Cómo reaccionó?

_ _ _ _ _ _ _ _

¿En qué te recuerda Isaac a Jesucristo?

_ _ _ _ _ _ _ _

COMPLETA LAS PALABRAS

El ser más amado por Abrahán:

D _ _ _

Lo que llevaba Isaac en sus espaldas:

L _ _ _

Nombre del monte al que subían:

M _ _ _ _ _

Nombre del hijo de Abrahán:

I _ _ _ _

Mesa donde Isaac iba a ser sacrificado:

A _ _ _ _

Arbusto donde esta enredado un carnero:

M _ _ _ _ _ _ _

Nombre del padre de Isaac:

A _ _ _ _ _ _

Instrumento afilado que corta:

C _ _ _ _ _ _ _

ORACIÓN

Señor, ayúdame a fiarme siempre de Ti en todo lo que me pides, aunque me parezca que es imposible para mí. Tú me ayudarás. Amén.

Encuentro 8
DIOS ELIGE A MOISÉS: LA PASCUA

🎯 **OBJETIVO** Saber explicar el significado de la Pascua judía como celebración de la liberación de la esclavitud de Egipto y relacionarla con el verdadero Cordero Pascual que es Jesucristo.

📙 **CATECISMO** "Testigos del Señor": tema 11, p. 68-71.

PRIMERA PARTE

Al libro del Génesis le sigue en la Biblia el libro del Éxodo que cuenta la liberación del pueblo de Israel de su larga esclavitud en Egipto. Moisés es el gran protagonista de este libro.

Después de visitar la tierra de Canaán, los tres exploradores se dirigieron a Egipto. Al llegar quedaron admirados al contemplar las grandes y antiguas Pirámides de ese país.

ESTA PIRÁMIDE SEGURAMENTE ES DE LA ÉPOCA DE MOISÉS.

1. INVESTIGAMOS

Moisés, el libertador del pueblo de Israel

Dios escogió a un israelita, nacido en Egipto, como libertador y guía de su pueblo elegido, Israel. Le fue cuidando de modo extraordinario desde su nacimiento. Su nombre Moisés (*salvado de las aguas*) viene de que, recién nacido, fue salvado de las aguas del río Nilo por una criada de la hija del Faraón. Educado como un príncipe egipcio en la corte faraónica, tuvo que huir de ese país a causa de una reyerta mortal. Más tarde, siendo pastor, llegó cerca del monte Sinaí (Arabia) donde vio una zarza misteriosa que ardía sin consumirse. Dios le habló desde la zarza ardiente y le ordenó que salvase al pueblo de Israel de la esclavitud en Egipto. Moisés preguntó quién le enviaba y Dios le dijo su nombre: "Yavhe" = "Yo soy el que soy". Así comienza una de las historias más apasionantes de cuantas se han escrito a lo largo de los siglos.

DIALOGAMOS

¿Qué misión encomendó Dios a Moisés cuando le habló desde la zarza ardiente? ¿Qué significado tiene el nombre de "Yavhe"?

2. LEEMOS EL TEXTO BÍBLICO

Moisés en Egipto: La Pascua

El Señor ordenó a Moisés que fuera a Egipto acompañado de su hermano Aarón. Ambos se presentaron juntos ante el Faraón y le dijeron: el Dios de Israel ordena que dejes salir de Egipto al pueblo de Israel. El Faraón se opuso y Dios envió, por medio de Moisés, diez terribles plagas a Egipto. La décima plaga fue la peor de todas.

*Éxodo 12, 21-51. Dijo el Señor a Moisés y a Aarón en tierra de Egipto: «Decid a toda la asamblea de los hijos de Israel: El diez de este mes cada uno procurará un animal para su familia, uno por casa (…). Será un animal sin defecto, **un cordero macho**, de un año. Lo guardaréis hasta el día catorce del mes y toda la asamblea de los hijos de Israel lo matará al atardecer.*

link

Vemos el vídeo "El príncipe de Egipto. Pascua"

*Tomaréis la sangre y rociaréis las dos jambas y el dintel de la casa donde lo comáis. Esa noche comeréis la carne, asada a fuego, y comeréis panes sin fermentar y hierbas amargas. (…). Y lo comeréis así: la cintura ceñida, las sandalias en los pies, un bastón en la mano; y lo comeréis a toda prisa, **porque es la Pascua, el Paso del Señor.***

Yo pasaré esta noche por la tierra de Egipto y heriré a todos los primogénitos de la tierra de Egipto, desde los hombres hasta los ganados,

y me tomaré justicia de todos los dioses de Egipto. La sangre será vuestra señal en las casas donde habitáis. Cuando yo vea la sangre, pasaré de largo ante vosotros, y no habrá entre vosotros plaga exterminadora, cuando yo hiera a la tierra de Egipto. Este será un día memorable para vosotros; en él celebraréis fiesta en honor del Señor. De generación en generación, como ley perpetua lo festejaréis (…)». Aquel mismo día, el Señor sacó de Egipto a los hijos de Israel.

COMPLETA

La décima plaga consistió en la muerte de los _____ egipcios.

Cada familia del pueblo de _____ debería sacrificar y comer un _____

Aquel día el Faraón dejó salir a _____ de _____

3. ANALIZAMOS EL TEXTO

Qué dice el texto

Moisés, junto a su hermano Aarón, se presentan al Faraón de Egipto para exigirle la liberación del pueblo de Israel de la esclavitud que estaba padeciendo en este país. Ante la negativa de este, envían diez plagas de las cuales la última fue la más terrible. Moisés da instrucciones a los israelitas sobre lo que deben hacer la última noche en Egipto: sacrificar un cordero macho de un año, untar con su sangre las puertas y celebrar la Pascua o paso del Señor. Moisés da instrucciones al pueblo sobre cómo celebrar esta cena pascual. Esa noche morirán todos los primogénitos de los egipcios, incluido el del Faraón. Éste deja salir de Egipto a todo el pueblo de Israel.

Qué me dice Dios a mí

Debes saber que la Pascua judía, en la que los judíos sacrificaban un cordero, era como un anuncio o figura de la **Nueva Pascua** en la que **el Cordero sacrificado será Jesucristo**, y que él celebraría con sus discípulos en el Cenáculo la víspera de su muerte.

¿Sabes dónde y cómo se celebra ahora la Nueva Pascua? Piénsalo y escríbelo:

Qué le puedo decir yo a Dios

Señor, también yo necesito ser librado de otra esclavitud, más terrible que la de Israel en Egipto, la de mis pecados y mis malos hábitos.

-Quisiera ahora pedirte que me ayudes, porque yo solo no puedo; y también decirte:

ORACIÓN

Gracias, Padre, porque te apiadaste del pecado de los hombres y nos enviaste un nuevo Moisés, Jesucristo, para que nos librara de la esclavitud del pecado.

4. TESTIGOS DE LA FE

MOISÉS Y EL PASO DEL MAR ROJO

Cuando comunicaron al faraón de Egipto que el pueblo había escapado, él y sus servidores cambiaron de parecer y salieron en persecución de los hijos de Israel. Estos alzaron la vista y, al ver que los egipcios avanzaban detrás de ellos, quedaron sobrecogidos de miedo y comenzaron a murmurar contra Moisés.

Moisés respondió al pueblo: «No temáis; estad firmes y veréis la victoria que el Señor os va a conceder hoy: esos egipcios que estáis viendo, no los volveréis a ver jamás. El Señor peleará por vosotros; vosotros esperad tranquilos».

El Señor dijo a Moisés: «Di a los hijos de Israel que se pongan en marcha. Y tú, alza tu cayado, extiende tu mano sobre el mar y divídelo, para que los hijos de Israel pasen por medio del mar, por lo seco. Yo haré que los egipcios se obstinen y entren detrás de vosotros».

Moisés extendió su mano sobre el mar y el Señor hizo retirarse el mar con un fuerte viento del Este que sopló toda la noche; el mar se secó y se dividieron las aguas. Los hijos de Israel entraron en medio del mar, por lo seco, y las aguas les hacían de muralla a derecha e izquierda. Los egipcios los persiguieron y entraron tras ellos, en medio del mar. El Señor trabó las ruedas de sus carros, haciéndolos avanzar pesadamente. Los egipcios dijeron: «Huyamos ante Israel, porque el Señor lucha por él contra Egipto».

Luego dijo el Señor a Moisés: «Extiende tu mano sobre el mar, y vuelvan las aguas sobre los egipcios, sus carros y sus jinetes». Moisés extendió su mano sobre el mar; y al despuntar el día el mar recobró su estado natural, de modo que los egipcios, en su huida, toparon con las aguas. Así precipitó el Señor a los egipcios en medio del mar. Las aguas volvieron y cubrieron los carros, los jinetes y todo el ejército del faraón».

DIALOGAMOS

¿Cómo era el corazón del faraón?
¿Y cómo era el corazón de Moisés? ¿Qué fuerza especial le impulsaba?
¿Por qué Dios amaba tanto al pueblo de Israel?

Cántico triunfal de Moisés después de cruzar el Mar Rojo

El paso del Mar Rojo del pueblo de Israel, capitaneado por Moisés, es un milagro extraordinario, exclusivo del poder de Dios. Cuando este paso prodigioso terminó, Moisés y el pueblo entonaron este cántico.

Éxodo 15, 1-8.
(se puede recitar formando dos coros)

Cantaré al Señor, gloriosa es su victoria, caballos y carros ha arrojado en el mar.
El Señor es un guerrero, su nombre es "El Señor".
Los carros del faraón los lanzó al mar. Las olas los cubrieron,
bajaron hasta el fondo como piedras. Tu diestra, Señor, es magnífica en poder.
Decía el enemigo: «Los perseguiré y alcanzaré,
repartiré el botín, se saciará mi codicia, empuñaré la espada, los agarrará mi mano».
Pero sopló tu aliento y los cubrió el mar,
se hundieron como plomo en las aguas formidables.
¿Quién como tú, Señor, entre los dioses? ¿Quién como tú, terrible entre los santos,
temible por tus proezas, autor de maravillas?
Extendiste tu diestra: se los tragó la tierra; guiaste con misericordia a tu pueblo rescatado,
los llevaste con tu poder hasta tu santa morada.

EL PASO DEL MAR ROJO Y EL BAUTISMO

Con el paso del Mar Rojo, el pueblo de Israel fue liberado de la esclavitud que había padecido en Egipto. Este hecho milagroso es "figura" del Bautismo, pues ahora los cristianos pasan por las aguas de ese sacramento para ser liberados de la esclavitud del pecado, alcanzar la libertad de los hijos de Dios y llegar a la Tierra Prometida del Reino de Dios en el Cielo.

ORACIÓN

¡Oh Dios!, que hiciste pasar al pueblo de Israel a pie enjuto por el Mar Rojo para liberarlo de la esclavitud del Faraón: concede a los que recibirán el sacramento del Bautismo y a los que ya lo hemos recibido, resucitar con Cristo a la Vida nueva de los hijos de Dios. Amén.

6. CATEQUESIS EN FAMILIA

VER EL VÍDEO

link

Vemos el siguiente vídeo:
"El príncipe de Egipto. Libéranos".

COMPLETA

Dios habló a _____ desde una _____ ardiente cerca del monte _____ Dios reveló a Moisés su _____ "YO SOY EL QUE _____" (YAVHE).

RELACIONA

Libro del Génesis ⬤　　⬤ Esclavitud del pueblo de Israel

Egipto ⬤　　⬤ Narra la liberación de ese pueblo

Moisés ⬤　　⬤ Es el primer libro de la Biblia

Libro del Éxodo ⬤　　⬤ Caudillo y liberador de Israel

EL PASO DEL MAR ROJO Y EL BAUTISMO

Con el paso del Mar _____ el pueblo de Israel fue liberado de la _____ que había padecido en _____ . Este hecho milagroso es "figura" del _____ , pues ahora los _____ pasan por las aguas de ese _____ para ser liberados de la esclavitud del _____ , alcanzar la _____ de los hijos de _____ y llegar a la Tierra _____ del Reino de Dios en el _____ .

¿CONOCES BIEN LA HISTORIA DE MOISÉS?

Observa con tus padres los dibujos de este capítulo y explícales con detalle lo que significan los dibujos de la página 56 y de la página 57.

ORACIÓN

Rezar en familia la oración de la página 58.

Encuentro 9
MOISÉS Y LOS IC MANDAMIENTOS

🎯 **OBJETIVO** Descubrir el significado de la alianza que hizo Dios con Moisés y el pueblo de Israel, una alianza que sería sellada con sangre de animales.

📙 **CATECISMO** "Testigos del Señor": tema 12, p. 72-75.

PRIMERA PARTE

Después de la alianza de Dios con Abrahán, Dios hace con el pueblo de Israel una nueva alianza y lo hace "pueblo suyo". Este será el paso siguiente en el plan redentor de Dios.

Una vez cruzado el Mar Rojo, el Señor guiará a su pueblo por el desierto y entregará a Moisés en el monte Sinaí las Tablas de la Ley con los Diez Mandamientos y que el pueblo de Israel se comprometió a guardar para ser fiel a la alianza.

EN ESTE MONTE ENTREGÓ DIOS A MOISÉS LOS DIEZ MANDAMIENTOS.

1. INVESTIGAMOS

Moisés guía al pueblo de Israel a través del desierto

Esta catequesis es especialmente importante, porque en ella aparece por primera vez que Dios escoge a Israel como pueblo suyo mediante una solemne alianza de sangre. Dentro de esta alianza, Dios da a Moisés y al pueblo de Israel las Tablas de la Ley que son unas normas de moralidad que habrán de guiar la vida del pueblo hacia el bien. La Ley mosaica no es para Dios la meta final, pero abre el camino para preparar la venida del Mesías, Jesucristo, que perfeccionará la nueva ley del amor.

Durante la travesía del desierto, Dios manifestó su amor al pueblo de Israel ayudándole con diversos hechos milagrosos: la columna de fuego y la nube que les precedía, el misterioso alimento del "maná", el agua fresca que brotó de la roca, etc.

DIALOGAMOS

Una vez cruzado el Mar Rojo,
¿cómo se manifestó el amor y la protección de Dios al pueblo de Israel?

El milagro del maná

Los israelitas se internaron en el desierto, camino de la Tierra Prometida, pero el hambre y la sed les angustiaba. Entonces comenzaron a murmurar contra Moisés y Aarón.

Éxodo 16, 2-12. Todo el pueblo de Israel murmuró contra Moisés y Aarón en el desierto, diciendo: ¡Ojalá hubiéramos muerto a manos del Señor en la tierra de Egipto, cuando nos sentábamos alrededor de la olla de carne y comíamos pan hasta hartarnos! (…). El Señor dijo a Moisés: «He oído las murmuraciones de los hijos de Israel. Diles: mañana haré llover pan del cielo para el pueblo y conoceréis que yo soy el Señor, vuestro Dios (…). Al atardecer comeréis carne y por la mañana os hartaréis de pan».

*Por la mañana la tierra del campamento estaba cubierta por una capa de rocío. Cuando se evaporó, apareció un polvo fino, como escamas. Al verlo los hijos de Israel se dijeron: «¿Qué es esto?» (en hebreo Manú). Moisés les dijo: Este es el pan que el Señor os envía para alimento. Los israelitas llamaron a aquel alimento **"maná"**.*

LA ENTREGA DEL DECÁLOGO

Éxodo 20, 1-21. El Señor ordenó a Moisés que subiera a lo alto de la montaña acompañado de Aarón para recibir la Ley Santa. Cuando llegaron allí, habló Dios diciendo:

I   No tendrás otro Dios que a Mí.

II No tomarás en falso el nombre de Yahvé, tu Dios.

III Santificarás el día del sábado. Seis días trabajarás, pero el séptimo será día de descanso, consagrado a Dios.

IV Honra a tu padre y a tu madre.

V   No matarás.

VI No cometerás adulterio.

VII No robarás.

VIII No darás falso testimonio contra tu prójimo.

IX No desearás la mujer de tu prójimo.

X   No codiciarás sus bienes.

Rito de aceptación de la Alianza

Éxodo 24, 3- 8. *Moisés bajó y contó al pueblo todas las palabras del Señor y todos sus decretos; y el pueblo contestó con voz unánime:* «Cumpliremos todas las palabras que ha dicho el Señor». *Moisés escribió todas las palabras del Señor. Se levantó temprano y edificó un altar en la falda del monte, y doce estelas, por las doce tribus de Israel. Y mandó a algunos jóvenes de los hijos de Israel ofrecer al Señor holocaustos e inmolar novillos como sacrificios de comunión. Tomó Moisés la mitad de la sangre y la puso en vasijas, y la otra mitad la derramó sobre el altar. Después tomó el documento de la alianza y se lo leyó en voz alta al pueblo, el cual respondió:* **«Haremos todo lo que ha dicho el Señor y le obedeceremos».** *Entonces Moisés tomó la sangre y roció al pueblo, diciendo:* **«Esta es la sangre de la alianza que el Señor ha concertado con vosotros, de acuerdo con todas estas palabras».*

3. ANALIZAMOS EL TEXTO

Qué dice el texto

Dios libró a su pueblo de la esclavitud de Egipto por medio de Moisés. Dios se sirvió también de Moisés para dar a su pueblo los Diez Mandamientos y, de este modo, pudiese realizar libremente lo que era bueno (mandamientos) y adorar al Dios único (normas de culto). **Con esta sabia pedagogía Dios formaba a Israel como pueblo y lo preparaba para la venida del:**

Qué me dice Dios a mí

Moisés fue un profeta que enseñó a los israelitas el camino hacia la Tierra Prometida. Pero, en realidad, el verdadero Moisés es mi Hijo amado, Jesucristo, **¿sabes por qué? ¿Se lo podrías tú razonar a un amigo?**

Qué le puedo decir yo a Dios

El pueblo de Israel, al conocer los Diez Mandamientos, respondió a Moisés: «Haremos todo lo que ha dicho el Señor y le obedeceremos». **¿Es esta tu respuesta al Señor, no solo con palabras sino, sobre todo, con tus obras? ¿En qué le deberías obedecer mejor al Señor?**

4. TESTIGOS DE LA FE

Moisés, el legislador

Su nacimiento tuvo lugar cuando un faraón egipcio ordenó que se asesinara a todos los niños hebreos recién nacidos. No todo el mundo hizo caso. De hecho, una mujer hebrea, que acababa de tener un niño, lo escondió. Pero llegó un momento en el que no pudo retenerlo más. Lo colocó en una canastilla y lo depositó en las aguas del río Nilo.

La cesta fue encontrada por una princesa egipcia que acogió al bebé, al cual llamó **Moisés** (*salvado de las aguas*). Después de unos años en los que el niño fue amamantado por una hebrea, que resultó ser la propia madre, Moisés fue devuelto a la princesa egipcia y criado como un hijo más del faraón. La vida de Moisés fue tranquila hasta que vio el trabajo extenuante de los esclavos hebreos. Cierto día mató a un capataz egipcio por la brutalidad con la que trataba a los esclavos hebreos y se vio obligado a huir fuera de Egipto.

Cuando Moisés vivía en la región de Madián, como un sencillo pastor, se encontró por primera vez con Dios. Le llamó la atención una **zarza que ardía sin consumirse**. Al acercarse a ella, Dios le habló y le encomendó una misión muy difícil de realizar: volver a Egipto y liberar al pueblo hebreo de la esclavitud.

Moisés se presentó ante el faraón como **un enviado de Dios**. La gran dificultad era convencer al faraón de que dejara salir de Egipto a los esclavos hebreos. Dios ayudó a Moisés enviando **diez plagas** que castigaron terriblemente a los egipcios, hasta el punto de que el faraón accedió a los deseos de Moisés y ordenó la evacuación de los hebreos.

Pero el faraón cambió de opinión cuando Moisés y el pueblo hebreo ya habían huido. El ejército egipcio alcanzó a los esclavos cerca del mar Rojo, pero **Moisés, gracias a un milagro de Dios, separó el mar en dos**. Los hebreos pasaron fácilmente a pie. Pero, al intentar pasar, los egipcios fueron masacrados por la vuelta del mar a su cauce. Lo demás ya lo conocemos por las páginas anteriores. Moisés no pudo entrar en la Tierra Prometida pues tenía más de 100 años y estaba ya a punto de morir. Se limitó a contemplarla desde lo alto del monte Horeb.

ORACIÓN

Mi fuerza y mi poder es el Señor,
Él fue mi salvación.
Él es mi Dios: yo lo alabaré,
el Dios de mis padres, yo lo ensalzaré.

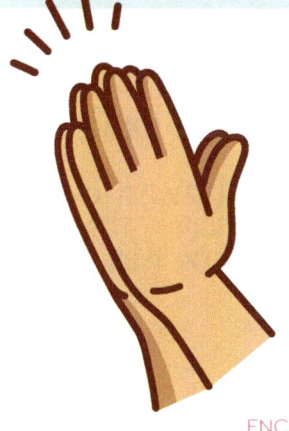

5. CELEBRAMOS

El Santuario dedicado a Dios

Dios ordenó a Moisés que le construyera un Santuario. Sin embargo, este templo tardaría varios siglos en construirse, pues fue el rey Salomón, hijo del rey David, quien se lo dedicaría a Yahvé.

El primer santuario del pueblo de Israel consistió en *una gran tienda de campaña*. Dentro de ella estarían el **Arca de la Alianza** y el altar de los sacrificios. Yahvé prometió a Moisés que Él habitaría de un modo misterioso en el interior de ese templo. Moisés recibió de Dios instrucciones acerca de cómo debería ser el Arca de la Alianza:

Éxodo 25, 10-22. *Harás un arca de madera de acacia de un metro y cuarto de larga por setenta y cinco centímetros de ancha y otros tantos de alta. La revestirás de oro puro, por dentro y por fuera, y le pondrás alrededor una cenefa de oro. Harás también varales de madera de acacia y los revestirás de oro. Meterás los varales por las anillas laterales del Arca, para transportarla.*

Fabricarás también un propiciatorio de oro puro, de un metro y cuarto de largo por setenta y cinco centímetros de ancho. Harás

dos querubines cincelados en oro, para los dos extremos del propiciatorio. Los querubines extenderán sus alas por encima, cubriendo con ellas el propiciatorio

Colocarás el propiciatorio encima del Arca y guardarás dentro del Arca el Testimonio que yo te daré. Allí me encontraré contigo, y desde encima del propiciatorio, en medio de los querubines del Arca del Testimonio, te comunicaré todo lo que tienes que ordenar a los hijos de Israel.

Moisés depositó en el interior del Arca tres cosas: las *Tablas de la Ley*, un vaso que contenía *"maná"* y la vara de Aarón con la que Moisés, en nombre de Dios, había hecho tantos milagros en Egipto y en el desierto. Delante del Arca de la Alianza se colocó el altar de los sacrificios en el cual se inmolarían miles de animales para dar culto al Señor.

ORACIÓN

Te pedimos, Señor, que la sangre que selló la alianza entre Ti y tu Pueblo, nos haga descubrir un día otra Alianza, sellada no con sangre de animales sino con la tu Hijo. Amén.

6. CATEQUESIS EN FAMILIA

Estas actividades son para hacer conjuntamente los padres (o uno de ellos) con el hijo o la hija. No es difícil encontrar unos minutos para ayudarles en su formación cristiana.

VER EL VÍDEO

link

Escuchamos la canción "Los 10 Mandamientos".

RESPONDE LAS PREGUNTAS

Dios entregó a _ _ _ _ _ _ _ _ los Diez _ _ _ _ _ _ _ _ en el monte _ _ _ _ _ _ _ .

Durante la travesía del _ _ _ _ _ _ _ Dios manifestó su _ _ _ _ _ _ al pueblo de _ _ _ _ _ _ _ .

¿SABES LOS 10 MANDAMIENTOS DE LA LEY DE DIOS?

1 _ _ _ _ _ _ _ _ _ _ _ _
2 _ _ _ _ _ _ _ _ _ _ _ _
3 _ _ _ _ _ _ _ _ _ _ _ _
4 _ _ _ _ _ _ _ _ _ _ _ _
5 _ _ _ _ _ _ _ _ _ _ _ _
6 _ _ _ _ _ _ _ _ _ _ _ _
7 _ _ _ _ _ _ _ _ _ _ _ _
8 _ _ _ _ _ _ _ _ _ _ _ _
9 _ _ _ _ _ _ _ _ _ _ _ _
10 _ _ _ _ _ _ _ _ _ _ _ _

SOPA DE LETRAS

Busca la palabra adecuada para completar cada frase de abajo, escríbela en su sitio y rodéala con lápiz dentro de la sopa de letras.

N	O	B	C	A	R	E	D	H
P	R	O	M	E	T	I	D	A
S	O	R	A	I	J	A	I	M
Z	R	P	N	A	U	T	O	B
X	T	A	A	N	W	L	S	R
V	Y	C	B	Z	P	A	N	E
B	M	U	R	M	U	R	A	R

- Durante la travesía del desierto los israelitas sintieron mucha...
- Y comenzaron a hablar mal de Moisés y también a...
- Dios prometió a Moisés que del cielo llovería...
- Ese pan del cielo lo enviaba...
- A ese pan del cielo los israelitas lo llamaron...
- Los israelitas iban caminando hacia la Tierra...

ORACIÓN

Mi fuerza y mi poder es el Señor; Él fue mi salvación. Él es mi Dios: yo lo alabaré; el Dios de mis padres, yo lo ensalzaré.

Encuentro 10
ENTRADA EN LA TIERRA PROMETIDA

🎯 **OBJETIVO** Descubrir que Dios ayuda siempre a los que confían y esperan en Él; como hizo con Moisés y Josué, a quienes jamás dejó de escucharles y guiarles.

Cuando Moisés era muy anciano, Dios designó al joven Josué como sucesor suyo. Moisés quiso ver la Tierra Prometida y fue ayudado a subir hasta la cima del monte Nebo. Desde su cumbre se divisa el valle del río Jordán, Jericó y las colinas de Jerusalén, es decir la Tierra de Canaán prometida por Dios al pueblo de Israel, en la que nació y vivió Jesús.

POR FIN VEMOS LA TIERRA DONDE VIVIÓ JESÚS.

1. INVESTIGAMOS

Elección de Josué

Moisés se dirigió a todo Israel y pronunció estas palabras: «*Tengo ya ciento veinte años, y ya no puedo salir ni entrar; además el Señor me ha dicho: "Tú no pasarás el río Jordán"*».

Moisés llamó a Josué, *hombre sobre quien residía el espíritu*, y le dijo en presencia de todo Israel: «*Sé fuerte y valiente, porque tú has de introducir a este pueblo en la tierra que el Señor, tu Dios, juró dar a tus padres. Tú se la repartirás en heredad. El Señor irá delante de ti. Él estará contigo, no te dejará ni te abandonará. No temas ni te acobardes*» (Deuteronomio 31, 1-8).

El **"Libro de Josué"** narra la entrada del pueblo de Israel en la Tierra Prometida y su distribución entre las doce tribus.

DIALOGAMOS

¿Qué palabras dijo Dios a Josué? ¿Te las podrías aplicar a ti?

Josué, nuevo jefe y guía del pueblo de Israel

La misión que Dios había confiado a Josué era muy difícil. Se trataba de entrar en una región desconocida y ocupada por diversos reyes, asentar en ella a las doce tribus y mantener la adhesión y fidelidad a la Ley que Dios les había dado por medio de Moisés.

Josué 1, 1-7. *Dijo el Señor a Josué: «Moisés, mi siervo, ha muerto. Anda, pasa el Jordán con todo este pueblo, en marcha hacia el país que voy a darles a los hijos de Israel. Os voy a dar toda la tierra en la que pongáis la planta de vuestros pies, como le prometí a Moisés (…). Como estuve con Moisés, estaré contigo; no te dejaré ni te abandonaré (…). Tú ten mucho ánimo y sé valiente para cumplir toda la ley que te dio mi siervo Moisés; no te desvíes a derecha ni a izquierda y tendrás éxito en todas tus empresas. Que el libro de esta Ley no se te caiga de los labios; medítalo día y noche, para poner por obra todo lo que se prescribe en él».*

Paso del Jordán

Dos grandes hazañas de Josué destacan al entrar en la Tierra Prometida: el paso del río Jordán y la conquista de la ciudad de Jericó. El paso del río Jordán a pie seco nos recuerda el paso del Mar Rojo. Por el poder de Dios, las aguas de este río se partieron en dos para dejar paso al pueblo de Israel. Los sacerdotes que llevaban el Arca de la Alianza se pararon a pie firme en medio del Jordán, hasta que todo el pueblo hubo acabado de pasar al otro lado del río.

Conquista de Jericó

Después de celebrar la Pascua en los llanos de Jericó, tuvo lugar otro hecho milagroso que muestra, una vez más, la intervención de Dios en favor de su pueblo.

Josué 6, 1-25. *El Señor dijo a Josué: Mira, entrego en tu poder a Jericó, a su rey y a sus valientes guerreros. Todos los combatientes, rodead la ciudad, dando una vuelta a su alrededor; y así durante seis días. Siete sacerdotes llevarán delante del Arca de la Alianza siete trompas de cuerno de carnero. El séptimo día, daréis siete vueltas a la ciudad y los sacerdotes tocarán las trompas. Cuando suene el cuerno de carnero y oigáis el sonido de la trompa, todo el pueblo lanzará el alarido de guerra; y se desplomarán las murallas de la ciudad. Y el pueblo la asaltará, cada uno por el lugar que tenga enfrente. Y así fue.*

RESPONDE

¿Qué misión confió Dios a Josué?

¿Qué río cruzaron los israelitas guiados por Josué?

¿Qué libro debería meditar Josué?

¿Por qué se desplomaron las murallas de Jericó?

3. ANALIZAMOS EL TEXTO

Qué dice el texto

Josué es el protagonista absoluto de este libro y a su alrededor giran los hechos que en él se narran. Dios muestra su plena confianza en él y le promete estar siempre a su lado para protegerlo.

La misión que le encomienda consiste en introducir al pueblo de Israel en la Tierra Prometida, que será conquistada y repartida posteriormente entre las doce tribus de Jacob. En los textos que aquí hemos seleccionados destacan el paso del río Jordán y la conquista de la ciudad de Jericó.

El nombre de Josué significa "Dios salva"; en realidad es el mismo nombre que tuvo Jesús (Mt 1, 21), de quien Josué es "figura". **¿Podrías explicar el significado de esta última frase?**

Qué me dice Dios a mí

Yo le dije a Josué: «Yo estaré contigo». Esto mismo te lo digo a ti. ¿No te infunde valor el saber que Yo he hecho una alianza contigo y me he comprometido a ayudarte siempre, a estar siempre a tu lado para darte fuerzas? **¿Sabes dónde y cuándo te ofrezco y te doy esa ayuda y esa fuerza divina?**

Qué le puedo decir yo a Dios

Abre tu corazón al Señor y dile toda la verdad: dile que muchas veces eres cobarde, que te dejas vencer por los respetos humanos, que te falta fe, valor, audacia… **Pregúntale cómo puedes crecer en estas virtudes que son tan necesarias para vivir como un verdadero cristiano en la sociedad de hoy:**

ORACIÓN

Señor, auméntame la fe y hazme firme y valiente como Josué para luchar contra corriente ante las modas paganas y seguirte de cerca con tu ayuda y la de tu Madre Santa María.

4. TESTIGOS DE LA FE

PALABRAS DEL PAPA BENEDICTO XVI DESDE EL MONTE NEBO

El Papa Ratzinger divisó un panorama único de Tierra Santa desde el Monte Nebo (Jordania, 817 m. de altitud). En su viaje a Tierra Santa subió a ese monte y pudo ver a lo lejos las cúpulas de Jerusalén, el valle del río Jordán, Jericó y el desierto de Judea, entre otros lugares históricos. Aquí el Papa pronunció un discurso que resumimos:

«Desde este magnífico escenario se ve el gran plan de salvación que Dios había preparado para su pueblo. Aquí, en las alturas del monte Nebo, la memoria de Moisés nos invita a "elevar los ojos" para abrazar con gratitud no sólo las grandes hazañas realizadas por Dios en el pasado, sino también para mirar con fe y esperanza al futuro. El magnífico escenario que se abre ante nuestros ojos nos invita a considerar el gran plan de la salvación que Dios había preparado para su pueblo.

Por eso, en el valle del Jordán, que se extiende bajo nosotros, en la plenitud de los tiempos Juan Bautista vino a preparar el camino del Señor. En las aguas del río Jordán Jesús, después de ser bautizado por Juan, fue revelado como Hijo predilecto del Padre y, ungido
por el Espíritu Santo, inauguró su ministerio público. También desde el Jordán se difundió el Evangelio, primero mediante la predicación y los milagros de Cristo, y, después, cuando la Buena Nueva fue llevada por sus discípulos hasta los confines de la tierra.

En las aguas del Bautismo hemos pasado de la esclavitud del pecado a una nueva vida y a una nueva esperanza. En la comunión de la Iglesia, gozamos anticipadamente de la visión de la ciudad celestial, la nueva Jerusalén, en la que Dios será todo en todos. Desde este santo monte Moisés orienta nuestra mirada hacia lo alto, hacia el cumplimiento de todas las promesas de Dios en Cristo».

(Benedicto XVI, Monte Nebo, Jordania, 9-V-2009).

ARGUMENTA

¿Cuál te parece el mensaje más importante de este discurso? Anótalo para comentarlo después:

Canto al Dios verdadero frente a los falsos ídolos (Salmo 115)

Los Salmos alaban con frecuencia la grandeza del verdadero Dios y desprecian a los ídolos de otros pueblos. Una muestra de ello es el **Salmo 115**, que, siendo de composición muy posterior a Josué, refleja muy bien la actitud del pueblo de Israel al entrar en la Tierra Prometida en sus disputas con los pueblos vecinos.

Salmo 115
(Puede recitarse formando dos coros)

No a nosotros, Señor, no a nosotros,
sino a tu nombre da la gloria,
por tu bondad, por tu lealtad.
¿Por qué han de decir las naciones:
«Dónde está su Dios?».
Nuestro Dios está en el cielo,
lo que quiere lo hace.
Sus ídolos, en cambio, son plata y oro,
hechura de manos humanas:

tienen boca, y no hablan;
tienen ojos, y no ven; tienen orejas, y no oyen;
tienen nariz, y no huelen;
tienen manos, y no tocan;
tienen pies, y no andan;
no tiene voz su garganta:
que sean igual los que los hacen,
cuantos confían en ellos.

Israel confía en el Señor:
él es su auxilio y su escudo.
La casa de Aarón confía en el Señor:
él es su auxilio y su escudo.

Los que temen al Señor confían en el Señor:
él es su auxilio y su escudo.
Que el Señor se acuerde de nosotros
y nos bendiga,
bendiga a la casa de Israel,
bendiga a la casa de Aarón;
bendiga a los que temen al Señor,
pequeños y grandes.

Que el Señor os acreciente,
a vosotros y a vuestros hijos.
Benditos seáis del Señor,
que hizo el cielo y la tierra.

El cielo pertenece al Señor,
la tierra se les ha dado a los hombres.
Los muertos ya no alaban al Señor,
ni los que bajan al silencio.
Nosotros, los que vivimos,
bendeciremos al Señor ahora y por siempre.
¡Aleluya!

Estas actividades son para hacer conjuntamente los padres (o uno de ellos) con el hijo o la hija. No es difícil encontrar unos minutos para ayudarles en su formación cristiana.

¿CONOCES BIEN LA BIBLIA?

Muestra a tus padres este dibujo y cuéntales cómo fue la conquista de la ciudad de Jericó:

DIALOGAMOS

Leemos la oración de la pág. 68 y dialogamos:

- ¿Qué significa tener FE?
- ¿Cómo se lucha contra las modas paganas?
- ¿Qué hemos de hacer para seguir de cerca a Jesucristo?
- ¿Cuándo y cómo nos ayuda la Virgen María?

ORACIÓN

Rezar en familia la oración de la página 70.

RELACIONA

Misión que confió Dios a Josué ⚪   ⚪ Trompetas

Río que cruzaron los israelitas ⚪   ⚪ Jericó

Ciudad que conquistó Josué ⚪   ⚪ Jordán

Significado del nombre de Josué ⚪   ⚪ "Dios salva"

Instrumento que tocaron los israelitas en Jericó ⚪   ⚪ Conquista Tierra Prometida

HACEMOS UNA SÍNTESIS

Leemos en la pág. 69 las palabras del papa emérito Benedicto XVI y hacemos un esquema con las tres ideas principales del mismo:

1 --

2 --

3 --

Encuentro 11
DAVID, UN CORAZÓN SEGÚN DIOS

OBJETIVO Comprender la importancia que tiene David en los planes de Dios, pues de *él nacería el Mesías.*

CATECISMO "Testigos del Señor": tema 13, p. 76-79.

PRIMERA PARTE

Siglos después de haber entrado en la Tierra Prometida, los israelitas suplicaron a Dios que les diera un rey, como tenían los demás pueblos.

Saúl fue el primer rey de Israel. Después de un buen comienzo en su reinado, apartó su corazón de Dios y Dios prefirió al joven David, pastor nacido en el pueblo de Belén.

MIRAD, YA ESTAMOS CERCA DE BELÉN, EL PUEBLO DONDE NACIÓ EL REY DAVID.

BELÉN

1. INVESTIGAMOS

David, de pastor a rey

David nace en Belén, como Jesús, hacia el año 1000 a. C. Su historia es apasionante, pues siguiendo los planes de Dios, pasa de humilde pastor a rey "según el corazón de Dios". Siendo muy joven, ganó fama merecida por su victoria contra el gigante Goliat. Más tarde, sería el elegido por Dios para ser rey de Israel. La importancia de David en la Historia de Israel es extraordinaria, pues **de su linaje nacerá el Mesías Salvador, Jesucristo.**

Sus inicios no pudieron ser más humildes: pobre pastor nacido en la pequeña aldea de Belén, era el más pequeño entre sus ocho hermanos. El relato de su elección tiene en cuenta todos estos datos y los subraya para poner de relieve que no podía invocar ningún derecho para ser rey sino que lo fue por pura *elección divina.*

DIALOGAMOS

¿Habéis leído alguna vez en la Biblia la historia de David?
¿Qué sabéis de él?

Unción de David

El profeta **Samuel** fue enviado por Dios a la ciudad de **Belén** a la casa de Jesé, pues allí encontraría al elegido por Dios.

1 Samuel 16, 6-13. Cuando llegó Samuel vio a Eliab y se dijo: «Seguramente este es el elegido para el Señor». Pero el Señor dijo a Samuel: «No te fijes en su apariencia ni en lo elevado de su estatura, porque lo he descartado. No se trata de lo que vea el hombre. Pues el hombre mira las apariencias, mas el Señor mira el corazón».

Jesé llamó a Abinadab y lo presentó a Samuel, pero este le dijo: «Tampoco a este lo ha elegido el Señor». Luego Jesé le presentó a Samá. Y Samuel dijo: «El Señor tampoco ha elegido a este».

Jesé presentó a sus siete hijos ante Samuel. Pero Samuel dijo a Jesé: «El Señor no ha elegido a ninguno de estos». Entonces Samuel preguntó a Jesé: «¿No hay más muchachos?». Y le respondió: «Todavía queda el menor, que está pastoreando el rebaño». Samuel le dijo: «Manda a buscarlo, porque no nos sentaremos a la mesa, mientras no venga». Jesé mandó a por él y lo hizo venir. Era rubio, de hermosos ojos y buena presencia. El Señor dijo a Samuel: «Este es. Levántate y úngelo de parte del Señor». Samuel cogió el cuerno de aceite y ungió al

joven David en medio de sus hermanos. Y el espíritu del Señor vino sobre David desde ese día en adelante.

En el Antiguo Testamento eran ungidos los sacerdotes y los reyes. La unción consistía en derramar aceite sobre la cabeza del elegido y era signo de que el ungido pertenecía a Dios y que Dios se preocupaba de cuidarlo y protegerlo para que cumpliera su misión.

De la importancia que la Sagrada Escritura confiere a David, da idea el hecho de que su nombre aparece más de mil veces, por encima de los nombres de Abrahán y de Moisés.

COMPLETA

David nació en la ciudad de _____ la misma en la que nació _____

Jesé le presentó a _____ a sus siete hijos pero ninguno era el _____

Después, mandó llamar a su hijo _____ Y Samuel dijo: _____

Samuel ungió a _____ y el Espíritu del Señor vino sobre él.

Qué dice el texto

David nació en la ciudad de Belén, la misma en la que nació Jesús nuestro Señor.

El profeta Samuel fue enviado por Dios a la casa de Jesé y este le presentó a sus siete hijos, pero ninguno era el elegido por Dios.

Entonces Jesé mandó llamar a su octavo hijo, David, que estaba cuidando los rebaños y se lo presentó a Samuel. Samuel dijo: *«Este es el elegido por Dios».* Y Samuel ungió a David con aceite y el Espíritu del Señor bajó sobre él.

Qué me dice Dios a mí

David era pastor cuando lo elegí para ser rey de mi pueblo. No es necesario que tengas grandes cualidades para que yo te llame a colaborar conmigo. Basta que escuches y sigas mi voz. **¿Dónde puedes escuchar mi voz?**

Yo hice una alianza con David y deseo realizar también contigo una alianza. **¿Sabes en qué consiste la alianza que quiero realizar contigo?**

¿Cómo se llama la virtud que lleva a guardar una alianza? ¿En qué consiste?

Qué le puedo decir yo a Dios

Tú me has traído a este mundo con una misión que debo realizar y que, si yo no realizo, quedaría sin hacer. **Señor, ayúdame a definir bien cuál es mi misión:**

4. TESTIGOS DE LA FE

VICTORIA DE DAVID SOBRE GOLIAT

Siendo muy joven, el nombre David se hizo famoso por su victoria contra Goliat que pertenecía al ejército de los filisteos, enemigos de Israel. Con ocasión de un combate entre ambos ejércitos, se adelantó del bando filisteo Goliat, un soldado de proporciones gigantescas, revestido con armadura, escudo, lanza y espada, y retó a cualquier soldado israelita que se atreviera a luchar contra él. Todo el ejército de Israel estaba aterrorizado y nadie se atrevía a pelear contra aquel monstruo, que parecería invencible.

Entonces sucedió algo increíble. David, el joven pastor de Belén, se acercó al rey Saúl y le dijo: -¡Yo me ofrezco a luchar contra Goliat! Sin más dilación, David corrió hacia el gigante cogiendo del arroyo cercano cinco guijarros grandes y muy afilados y los metió en su zurrón de pastor. Al verlo, Goliat le despreció y le gritó: -¿Acaso soy un perro para que vengas a mí con tu honda de pastor? David le respondió: -Tú vienes a mí con lanza y espada, pero yo voy a ti en el nombre del Señor de los ejércitos, el Dios de Israel a quien tú has insultado.

Luego, se aproximó al gigante, que lo miraba sorprendido, colocó su piedra más dura y afilada en su honda y la lanzó con fuerza inaudita contra la cabeza de Goliat. Este recibió el impacto en plena frente y cayó desplomado al suelo. David corrió hasta él, cogió la espada de Goliat y lo remató con un golpe seco, que seccionó su cabeza.

Al ver lo sucedido, el ejército filisteo huyó en retirada. El rey Saúl lo persiguió con sus soldados y logró una gran victoria. El pueblo de Israel aclamaba a David, a quien el rey Saúl puso al frente de una parte de su ejército.

DIALOGAMOS

¿Tenía David un corazón según Dios? ¿En qué lo ves? ¿Qué actitudes has observado en el corazón de David a lo largo de todo este episodio?

David es el personaje de la Biblia al que más composiciones poéticas y musicales se le atribuyen. La tradición cristiana le consideró durante siglos autor del **libro de los Salmos** de la Biblia. Investigaciones posteriores concluyeron que, si bien bastantes Salmos son atribuibles al rey David, y por tanto fueron escritos en torno al año 1000 a.C., también hay salmos de otros autores anónimos de épocas posteriores.

El libro de los Salmos es de una riqueza poética sin igual y ha inspirado la oración y la liturgia de la Iglesia y de los santos a lo largo de los siglos. Un aspecto importantísimo del libro de los Salmos es que en ellos se encuentran **numerosas profecías acerca del Mesías prometido por Dios a los hombres, Jesucristo nuestro Señor.**

Algunos Salmos recuerdan acontecimientos salvadores del pasado y hacen memoria del rey David; por ejemplo el Salmo 89 que podemos leer en la catequesis formando dos coros.

Salmo 89, 1-6. 21-29. 37-38

Cantaré eternamente las misericordias del Señor, anunciaré tu fidelidad por todas las edades.

-«Sellé una alianza con mi elegido, jurando a David, mi siervo: Te fundaré un linaje perpetuo, edificaré tu trono para todas las edades».

-Encontré a David, mi siervo, y lo he ungido con óleo sagrado; para que mi mano esté siempre con él y mi brazo lo haga valeroso. No lo engañará el enemigo ni los malvados lo humillarán.

-Ante él desharé a sus adversarios y heriré a los que lo odian. Mi fidelidad y misericordia lo acompañarán, por mi nombre crecerá su poder: extenderé su izquierda hasta el mar, y su derecha hasta el Gran Río.

-Él me invocará: "Tú eres mi padre, mi Dios, mi Roca salvadora"; y lo nombraré mi primogénito, excelso entre los reyes de la tierra. Le mantendré eternamente mi favor, y mi alianza con él será estable.

-Una vez juré por mi santidad no faltar a mi palabra con David: "Su linaje será perpetuo, y su trono como el sol en mi presencia, se mantendrá siempre como la luna: testigo fiel en el cielo"».

Estas actividades son para hacer conjuntamente los padres (o uno de ellos) con el hijo o la hija. No es difícil encontrar unos minutos para ayudarles en su formación cristiana.

ALIANZA CON DIOS

Lee la página 68 y contesta:

- ¿Qué Alianza hizo Dios con David? ¿Cuándo y cómo se realizó esa Alianza?

- - - - - - - - - - - - - - - - - - - -

- - - - - - - - - - - - - - - - - - - -

- ¿Qué alianza tienes tú con Dios? ¿Cuándo y cómo se inició esa alianza?

- - - - - - - - - - - - - - - - - - - -

RELACIONA

Samuel	Jesé	Belén	David	Goliat
○	○	○	○	○
○	○	○	○	○
Padre de David	Profeta que ungió como Rey a David	De su linaje nacerá el Mesías	Gigante a quien venció David	Ciudad en la que nació David

SOPA DE LETRAS

Busca la palabra adecuada para completar cada frase de abajo, escríbela en su sitio y rodéala con lápiz dentro de la sopa de letras.

Y	F	L	B	A	T	O	I
J	A	L	J	E	S	U	S
O	K	P	A	S	T	O	R
D	A	Z	N	A	I	L	A
I	H	I	K	O	L	I	E
O	F	E	D	S	O	M	L
S	M	O	N	E	L	E	B
U	O	Y	G	K	V	H	T

- David es "figura" de...
- Nació en la ciudad de...
- Pertenecía al Pueblo de...
- Cuando era joven fue....
- Dios hizo con David una...
- En David destaca la virtud de la...

COMENTA

Comenta con tus padres el final del Salmo 89 (está en la página 76).

ANUNCIO DE UN REINO ETERNO

OBJETIVO Descubrir que Dios prometió a David un Reino que había de durar para siempre.

CATECISMO "Testigos del Señor": tema 13, p. 76-79.

PRIMERA PARTE

David quería construir en Jerusalén un gran templo dedicado a Dios, pero el profeta Natán le anunció que el templo lo construiría su hijo Salomón.

Este templo fue destruido más tarde. De él solo queda hoy el llamado "Muro de las Lamentaciones".

¿Y QUÉ ES ESTE GRAN MURO?

ESTE GRAN MURO ES LO ÚNICO QUE QUEDA DEL GRAN TEMPLO DE JERUSALÉN.

1. INVESTIGAMOS

El Arca de la Alianza

Cuando los israelitas caminaban por el desierto bajo el mando de Moisés, este, por orden de Dios, confeccionó una arqueta que fue llamada **Arca de la Alianza**. Dentro de ella, el pueblo de Israel guardaba las *Tablas de la Ley* que Dios había dado a Moisés, un vaso que contenía *maná* y *la vara de Aarón* florecida. Estas tres cosas sagradas eran el testimonio de la presencia de Dios en medio de su pueblo. El Arca era trasladada de un lugar a otro, según caminaba el pueblo de **Israel** y se guardaba en una tienda de campaña que hacía las veces de templo. El Arca de la Alianza es una "figura" de la presencia real de **Jesucristo en cada Sagrario**.

DIALOGAMOS

Dialogamos sobre el significado del Arca de la Alianza. ¿Qué representaba para el pueblo de Israel?

2. LEEMOS EL TEXTO BÍBLICO

Cuando David edificó la ciudad de Jerusalén, concibió un gran proyecto para el Arca de la Alianza. Sin embargo, las cosas no sucedieron como él las había pensado.

2 Samuel 7, 1-17. *Cuando el rey se asentó en su casa, dijo al profeta Natán: «Mira, yo habito en una casa de cedro, mientras el Arca de Dios habita en una tienda». Natán dijo al rey: «Ve y haz lo que desea tu corazón, pues el Señor está contigo».*

Aquella noche vino esta palabra del Señor a Natán: «Ve y habla a mi siervo David: Así dice el Señor. ¿Tú me vas a construir una casa para morada mía? Desde el día en que hice subir de Egipto a los hijos de Israel hasta hoy, yo no he habitado en casa alguna, sino que he estado peregrinando de acá para allá, bajo una tienda como morada» (…).

Pues bien, di a mi siervo David: «Así dice el Señor del universo: Yo te tomé del pastizal, de andar tras el rebaño, para que fueras jefe de mi pueblo Israel. He estado a tu lado por donde quiera que has ido, he suprimido a todos tus enemigos ante ti y te he hecho tan famoso como a los grandes de la tierra (…)».

DIOS PROMETE A DAVID UN REINO ETERNO

*Pues bien, yo suscitaré descendencia tuya después de ti y al que salga de tus entrañas le afirmaré su reino. Será él quien construya una casa a mi nombre y **yo consolidaré el trono de su realeza para siempre**. Yo seré para él un padre y él será para mí un hijo (…). **Tu casa y tu reino se mantendrán siempre firmes ante mí, tu trono durará para siempre**. Natán trasladó a David estas palabras y la visión* (2 Samuel 7, 16).

COMPLETA

David se asentó en la ciudad de _____ y quería edificar un gran _____

Deseaba guardar en ese Templo el _____ de la _____

Pero no será _____ sino su hijo _____ quien construirá el Templo.

Dios le dijo a David: "Tu _____ durará para _____

Qué dice el texto

Este relato del segundo libro de Samuel nos muestra que David, una vez asentada la capital de su reino en Jerusalén, estaba dispuesto a construir un gran templo dedicado al Señor donde se guardara el Arca de la Alianza y fuera el punto central de la vida religiosa del pueblo de Israel.

Sin embargo, Dios tenía otros planes y se los comunicó a David por medio del profeta Natán. Este le dijo dos cosas:

1. Que no sería él sino su hijo quien construiría el gran templo de Jerusalén.

2. Que su dinastía habría de durar eternamente. *La profecía de Natán señala que es la dinastía davídica, más que el Templo, el signo de la presencia y protección divina. Dios hará con David, a través de su descendencia,* algo mucho más grandioso, no sólo para los judíos sino para toda la humanidad.

Qué me dice Dios a mí

David era pastor cuando lo elegí para ser rey de mi pueblo y para hacerle, más tarde, la promesa de ser "padre del Mesías". **¿Por qué le escogí a él y no a cualquier otro de sus hermanos?**

¿Has pensado alguna vez que Yo me he fijado también en ti para que hagas cosas grandes, pero sin sacarte de tu sitio, en tu vida corriente? **¿Cuáles te parece que son esas cosas grandes y cómo piensas que puedes realizarlas?**

Qué le puedo decir yo a Dios

Piensa cuál debería ser tu respuesta y escríbela:

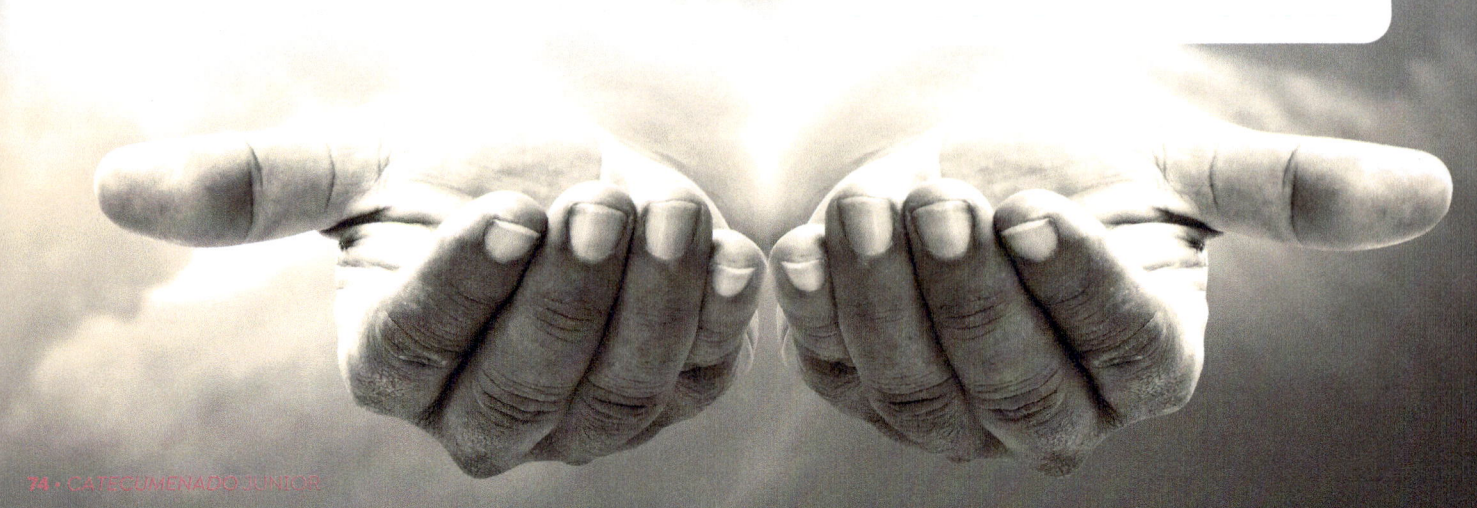

4. TESTIGOS DE LA FE

EL PECADO DEL REY DAVID
(2 Samuel 11 y 12).

David fue un hombre de corazón grande y generoso. Sin embargo, en una ocasión fue débil y pecó muy gravemente.

Un día observó desde su terraza a una hermosa mujer que estaba bañándose en una finca cercana. David quedó prendado de su belleza y quiso saber quién era. Se llamaba **Betsabé** y era la esposa de uno de sus mejores generales: **Urías**.

Mientras Urías estaba en el frente de batalla, David tuvo relaciones íntimas con Betsabé y ella quedó embarazada. El adulterio de la mujer, en Israel, estaba penalizado con la muerte. Para evitar esto, David pidió a Urías que volviera unos días a su casa; así le haría creer que él mismo había embarazado a su mujer. Pero no lo consiguió. Urías se negó a ir a su casa mientras sus compañeros luchaban en el frente de batalla.

David entonces urdió una estratagema homicida. Pidió al comandante del combate que situara a Urías en el lugar más peligroso de la batalla, para que muriera a manos de los enemigos. Los planes de David se cumplieron: Urías murió en el combate y David tomó por esposa a Betsabé.

El profeta Natán recriminó al rey David su gravísimo pecado. David reaccionó noblemente haciendo penitencia. David pecó, pero supo reconocer su pecado y arrepentirse. Fruto de este arrepentimiento es el Salmo 51, llamado "Miserere", compuesto por David para implorar el perdón y la misericordia de Dios.

La historia del pecado de David es una buena muestra de un hecho que se da a menudo en el pueblo de Israel: **la infidelidad del hombre y la constante fidelidad de Dios**, que siempre rehace y recompone los caminos que el hombre destruye. En el caso de David, después de su arrepentimiento, Dios le hace la gran promesa de que de su estirpe nacerá el **Mesías**, el cual recibirá *el trono de David, su padre... y su Reino no tendrá fin* (Lucas 1, 32-33).

DIALOGAMOS

¿Cómo pudo David cometer ese crimen sabiendo que era un predilecto de Dios?

¿Cómo es posible que Dios le perdonase hasta el punto de confirmarle que el Mesías iba a nacer de su estirpe?

¿Cómo respondes tú al perdón y a la misericordia del Señor?

5. CELEBRAMOS

Como vimos en el tema anterior, David es el personaje de la Biblia al que más composiciones poéticas y musicales se le atribuyen. Una de las más bellas es el llamado **Salmo miserere**, que David compuso, lleno de un profundo arrepentimiento, después de su pecado con Betsabé, la esposa de Urías.

Oramos juntos (Salmo 51)
(Podemos recitar este Salmo formando dos coros)

Misericordia, Dios mío, por tu bondad, | por tu inmensa compasión borra mi culpa;

Te agrada un corazón sincero, | y en mi interior me inculcas sabiduría.

Rocíame con el hisopo, y quedaré limpio; | lávame, y quedaré más blanco que la nieve.

Hazme oír el gozo y la alegría, | que se alegren los huesos quebrantados.

Aparta tu vista de mi pecado, | borra en mí toda culpa.

Oh Dios, crea en mí un corazón puro, | renuévame por dentro con espíritu firme.

No me arrojes lejos de tu rostro, | no me quites tu santo espíritu.

Devuélveme la alegría de tu salvación, | afiánzame con espíritu generoso.

Enseñaré a los malvados tus caminos, | los pecadores volverán a ti.

Señor, me abrirás los labios, | y mi boca proclamará tu alabanza.

El sacrificio agradable a Dios | es un espíritu quebrantado;

un corazón quebrantado y humillado, | tú, oh Dios, no lo desprecias nunca.

ORACIÓN

Señor, haz que aprenda a arrepentirme siempre de mis pecados, viendo el pecado y arrepentimiento de David y, sobre todo, a no permanecer caído, sino a levantarme siempre.

6. CATEQUESIS EN FAMILIA

Estas actividades son para hacer conjuntamente los padres (o uno de ellos) con el hijo o la hija. No es difícil encontrar unos minutos para ayudarles en su formación cristiana.

¿VERDADERO O FALSO?

- Dios ordenó a David que confeccionara el Arca de la Alianza

- Fue a Moisés a quien Dios mandó hacer el Arca de la Alianza

- El Arca representaba la presencia de Dios en medio de su pueblo elegido

- El Arca era "figura" del Sagrario y de la presencia de Dios en la Eucaristía

- El Arca de la Alianza se conserva hoy día en la ciudad de Jerusalén

VER EL VÍDEO

Vemos el vídeo "El Sacramento de la Penitencia".

© Editorial Casals.

DIALOGAMOS

Ve al apartado "Dialogamos" de la página 81 del libro y conversa con tus padre sobre las preguntas que ahí aparecen:

- ¿En qué Sacramento nos ofrece hoy Dios su misericordia?

_____

_____

- ¿Qué cosas hemos de hacer para vivir bien ese Sacramento?

_____

_____

_____

RESPUESTAS EN ESCALERA

¿A quién servía David?:

_ _ _ _ _ _ _ _ _

Profeta en tiempos de David:

_ _ _ _ _ _ _ _ _

General del rey David:

_ _ _ _ _ _ _ _ _

Ofensa a Dios que cometió David:

_ _ _ _ _ _ _ _ _

Nombre de la esposa del general Urías:

_ _ _ _ _ _ _ _ _

Nombre del pecado que cometió David:

_ _ _ _ _ _ _ _ _

Virtud a la que faltó el rey David:

_ _ _ _ _ _ _ _ _

Lo que hizo David después de su pecado:

_ _ _ _ _ _ _ _ _

Encuentro 13
LOS PROFETAS ANUNCIAN AL MESÍAS SALVADOR

OBJETIVO Descubrir las admirables y antiguas profecías que habían anunciado la Pasión, Muerte y Resurrección de Jesucristo.

CATECISMO "Testigos del Señor": tema 14, p. 80-83.

PRIMERA PARTE

A lo largo de la historia del pueblo de Israel, Dios les envió profetas. Algunos de ellos anunciaron desde siglos antes la futura venida del Mesías, el Salvador del mundo. Por ejemplo, el profeta Zacarías, entre los años 520 y 518 a. de JC, anunció que el Mesías entraría triunfalmente en Jerusalén montado sobre un pollino.

¿POR ESTA PUERTA ENTRÓ JESÚS EL DOMINGO DE RAMOS MONTADO EN UN BORRICO?

ASÍ ES.

1. INVESTIGAMOS

¿Quiénes son los profetas del Antiguo Testamento?

Es impresionante el número de profecías del Antiguo Testamento que se refieren al Mesías, o sea a Jesucristo. Los profetas anunciaban inspirados por Dios cosas que habían de suceder muchos siglos después.

Los mensajes de los profetas son de dos tipos:

1) Los que llamaban al pueblo de Israel a la conversión de sus pecados. Dios nunca se cansa de perdonar y muestra así su gran amor, paciencia y misericordia hacia su pueblo elegido.
2) Los que anunciaban la venida del Mesías Salvador del mundo, para llamar a los hombres a la conversión, liberarnos del pecado y formar un pueblo santo.

DIALOGAMOS

¿Por qué Dios tiene tanto empeño en recomponer los caminos que el hombre destruye? ¿Sigue sucediendo hoy? ¿De qué modo?

2. LEEMOS EL TEXTO BÍBLICO

Vamos leyendo despacio estos textos, los comparamos y los comentamos.

⊕ Entrada triunfal en Jerusalén sobre un pollino

Zacarías 9:9. "¡Alégrate mucho, hija de Sión! ¡Grita de júbilo, hija de Jerusalén! Mira que tu Rey viene hacia ti; Él es justo y victorioso, es humilde y está montado sobre un asno, sobre la cría de una asna".

Juan 12:13-14. *"Tomaron ramas de palmera y salieron a recibirle, y clamaban: ¡Hosanna! ¡Bendito el que viene en el nombre del Señor, el Rey de Israel! Y halló Jesús un asnillo, y montó sobre él, como está escrito".*

⊕ Traicionado por uno de los suyos

Salmo 41:10. *"Hasta mi amigo más íntimo, en quien yo confiaba, el que comió mi pan, se puso contra mí".*

Marcos 14:10. *"Entonces Judas Iscariote, uno de los doce, fue a los principales sacerdotes para entregárselo".*

⊕ Durante su juicio se mantendría en silencio

Isaías 53:7. *"Al ser maltratado, se humillaba y ni siquiera abría su boca: como un cordero llevado al matadero, como una oveja muda ante el que la esquila, Él no abría su boca".*

Mateo 26:62-63. *"Y levantándose el sumo sacerdote, le dijo: ¿No respondes nada? ¿Oyes lo que testifican éstos contra ti? Mas Jesús callaba".*

⊕ Se entregó por nosotros

Isaías 53:4-5. *"Ciertamente llevó Él nuestras enfermedades, y sufrió nuestros dolores (…). Mas Él herido fue por nuestras rebeliones, molido por nuestros pecados; el castigo de nuestra paz cayó sobre Él, y por sus llagas fuimos nosotros curados".*

Mateo 8:16-17. *"Y echó a los demonios con la palabra, y sanó a todos los enfermos; para que se cumpliese lo que fue dicho por el profeta Isaías, que dijo: Él mismo tomó nuestras enfermedades, y soportó nuestros dolores".*

⊕ Sería vendido por 30 piezas de plata

Zacarías 11:12. *"Yo les dije: «Si les parece bien, páguenme mi salario; y si no, déjenlo». Ellos pesaron mi salario: treinta monedas de plata."*

Mateo 26:15. *"Y les dijo: ¿Qué me queréis dar, y yo os lo entregaré? Y ellos le asignaron treinta piezas de plata".*

⊕ Fue crucificado con malhechores

Isaías 53:12. *"Fue contado entre los pecadores, habiendo él llevado el pecado de muchos, y orado por los transgresores".*

Mateo 27:38. *"Entonces crucificaron con él a dos ladrones, uno a la derecha, y otro a la izquierda".*

SIGUE >

⊕ Sus manos y pies serían perforados

Salmo 22:16. *"Me ha cercado una cuadrilla de malignos; atravesaron mis manos y mis pies".*

Juan 20:27. *"Dijo a Tomás: Pon aquí tu dedo, y mira mis manos; y acerca tu mano, y métela en mi costado; y no seas incrédulo, sino fiel".*

⊕ Ninguno de sus huesos serían quebrados

Salmo 34:20. *"Él guarda todos sus huesos; ni uno de ellos será quebrado".*

Juan 19:33. *"Mas cuando llegaron a Jesús, como le vieron ya muerto, no le quebraron las piernas".*

⊕ Resucitaría después de su muerte

Salmo 16:10. *"Porque no dejarás mi alma en el Seol, ni permitirás que tu santo vea corrupción".*

Hechos 2, 24. *"Pero Dios le resucitó, porque no era posible que la muerte lo retuviera bajo su dominio".*

⊕ Le darían a beber vinagre

Salmo 69:21. *"Me pusieron además hiel por comida. Y en mi sed me dieron a beber vinagre".*

Juan 19:29. *"Y estaba allí una vasija llena de vinagre; entonces ellos empaparon en vinagre una esponja, y poniéndola en un hisopo, se la dieron a beber".*

⊕ Sepultado en una tumba de ricos

Isaías 53:9. *"Y se dispuso con los impíos su sepultura, mas con los ricos fue en su muerte; aunque nunca hizo maldad, ni hubo engaño en su boca".*

Mateo 27:57-60. *"Vino un hombre rico de Arimatea, llamado José. Este fue a Pilato (…). Y tomando José el cuerpo, lo envolvió en una sábana limpia, y lo puso en su sepulcro nuevo".*

VER EL VÍDEO

link

Vemos el vídeo "El Sacrificio de Jesús".

© Editorial Casals.

4. TESTIGOS DE LA FE

El profeta Isaías y el poema del Siervo de Yahvé

El profeta Isaías vivió en el siglo VIII a. C. Es el primero y más importante de los cuatro profetas mayores de la Biblia (Isaías, Jeremías, Ezequiel y Daniel).

En algunos poemas del libro de Isaías aparece un misterioso personaje llamado el **SIERVO DE YAVHÉ**. La interpretación de la Iglesia siempre ha visto en él al Mesías, es decir, a Jesucristo en los sufrimientos de su Pasión y Muerte. Dice San Jerónimo que Isaías habla con tal realismo del Mesías que "más que profeta parece evangelista".

Recitamos el poema y, al final, buscamos los paralelismos que tiene esta profecía con los Evangelios.

El poema del Siervo de Yavhé (Isaías 53)

1. *¿Quién creyó nuestro anuncio?; | ¿a quién se reveló el brazo del Señor?*

2. *Creció en su presencia como brote, | como raíz en tierra árida, | sin figura, sin belleza. | Lo vimos sin aspecto atrayente,*

3. *despreciado y evitado de los hombres, | como un hombre de dolores, | acostumbrado a sufrimientos, | ante el cual se ocultaban los rostros, | despreciado y desestimado.*

4. *Él soportó nuestros sufrimientos | y aguantó nuestros dolores; | nosotros lo estimamos leproso, | herido de Dios y humillado;*

5. *pero él fue traspasado por nuestras rebeliones, | triturado por nuestros crímenes. | Nuestro castigo saludable cayó sobre él, | sus cicatrices nos curaron.*

6. *Todos errábamos como ovejas, | cada uno siguiendo su camino; | y el Señor cargó sobre él | todos nuestros crímenes.*

7. *Maltratado, voluntariamente se humillaba | y no abría la boca: | como cordero llevado al matadero, | como oveja ante el esquilador enmudecía y no abría la boca.*

8. *Sin defensa, sin justicia, se lo llevaron, | ¿quién se preocupará de su estirpe? | Lo arrancaron de la tierra de los vivos, | por los pecados de mi pueblo lo hirieron.*

9. *Le dieron sepultura con los malvados | y una tumba con los malhechores, | aunque no había cometido crímenes | ni hubo engaño en su boca.*

10. *El Señor quiso triturarlo con el sufrimiento, | y entregar su vida como expiación: | verá su descendencia, prolongará sus años, | lo que el Señor quiere prosperará por su mano.*

11. *Por los trabajos de su alma verá la luz, | el justo se saciará de conocimiento. | Mi siervo justificará a muchos, | porque cargó con los crímenes de ellos.*

12. *Le daré una multitud como parte, | y tendrá como despojo una muchedumbre. | Porque expuso su vida a la muerte | y fue contado entre los pecadores, | él tomó el pecado de muchos | e intercedió por los pecadores.*

El himno mariano **Stabat Mater** se usa en la liturgia en la fiesta de los Dolores de Nuestra Señora (15-IX). Esta es la traducción poética que hizo Lope de Vega.

(Se puede recitar formando dos coros).

Stabat Mater

La Madre piadosa estaba
junto a la Cruz y lloraba,
mientras el Hijo pendía.

Cuya alma triste y llorosa,
traspasada y dolorosa,
fiero cuchillo tenía.

Oh, cuán triste y afligida
se vio la Madre escogida,
de tantos tormentos llena.

Cuando triste contemplaba
y dolorosa miraba
del Hijo amado la pena.

Y ¿cuál hombre no llorara
si a la Madre contemplara
de Cristo en tanto dolor?

Y ¿quién no se entristeciera,
piadosa Madre, si os viera
sujeta a tanto rigor?

Oh Madre, fuente de amor,
hazme sentir tu dolor
para que llore contigo.

Y que por mi Cristo amado,
mi corazón abrasado
más viva en él que conmigo.

Por los pecados del mundo
vio Jesús en tan profundo
tormento a su dulce Madre.

Y muriendo el Hijo amado,
que rindió, desamparado,
el espíritu a su Padre

Y porque a amarte me anime
en mi corazón imprime las
llagas que tuvo en sí.

Y de tu Hijo, Señora,
divide conmigo ahora
las que padeció por mí.

Hazme contigo llorar
y de veras lastimar
de su pena mientras vivo.

Porque acompañar deseo
en la Cruz, donde lo veo
tu corazón compasivo.

Virgen de vírgenes santas,
llore yo con ansias tantas
que el llanto dulce me sea.

Porque su pasión y muerte
tenga en mi alma de suerte
que siempre sus penas vea.

Haz que su Cruz me enamore;
y que en ella viva y more, de
mi fe y amor indicio.

Porque me inflame y encienda
y contigo me defienda
en el día del juicio. Amén.

DIALOGAMOS

¿Qué mensajes nos transmite este himno a la Virgen María?

Estas actividades son para hacer conjuntamente los padres (o uno de ellos) con el hijo o la hija. No es difícil encontrar unos minutos para ayudarles en su formación cristiana.

¿CONOCES BIEN LA BIBLIA?

Localiza en el apartado 2 de este encuentro:

Profecía	¿Quién lo profetizó?
Tu Rey viene hacia ti montado en un asno	
Mi salario: treinta monedas de plata	
Fue herido por nuestras rebeliones	
Atravesaron mis manos y mis pies	
Ninguno de sus huesos será quebrado	
Resucitará después de su muerte	

COMPLETA

Completa con las palabras del recuadro de abajo:

Dios envió Profetas al pueblo de
- - - - - - - - - - - - - - - - - - -

Los Profetas hablaban en nombre de
- - - - - - - - - - - - - - - - - - -

Llamaban al pueblo y a los reyes a la
- - - - - - - - - - - - - - - - - - -

Muchos profetas anunciaron la venida del
- - - - - - - - - - - - - - - - - - -

Conversión · Salvador · Dios

Israel · Mesías

UNA POESÍA

Obervamos la imagen de la *Pietá* (pág. 88), y leemos y pensamos en lo que significa esta bonita poesía:

No me mueve, mi Dios, para quererte
el Cielo que me tienes prometido
ni me mueve el Infierno tan temido
para dejar por eso de ofenderte.

Tú me mueves, Señor. Múeveme el verte
clavado en una cruz y escarnecido;
muéveme el ver tu cuerpo tan herido,
muévenme tus afrentas, y tu muerte.

Muéveme, en fin, tu amor, y en tal manera,
que, aunque no hubiera Cielo, yo te amara,
y, aunque no hubiera Infierno, te temiera.

No me tienes que dar porque te quiera,
pues, aunque lo que espero no esperara,
lo mismo que te quiero te quisiera.

Encuentro 14
DIOS ANUNCIA UNA ALIANZA PERPETUA

 OBJETIVO Descubrir que la alianza nueva anunciada por Jeremías se llevará a cabo en Jesucristo.

CATECISMO "Testigos del Señor": tema 15, p. 84–87 y 16–19.

Dios estableció con Israel, su pueblo elegido, la Alianza del Sinaí y le dio por medio de Moisés su Ley, para que lo conociera como al único Dios verdadero y esperase así al Salvador prometido. Dios ha querido perfeccionar la antigua Alianza del Sinaí con la Nueva Alianza en Jesucristo. Y esta Alianza permanece para siempre en la Iglesia y de modo especialmente eminente en el sacramento de la EUCARISTÍA.

VIVA JESÚS SACRAMENTADO.

VIVA Y DE TODOS SEA AMADO.

1. INVESTIGAMOS

Dios establece una Nueva Alianza con su Pueblo

La Historia de la Salvación que hemos recorrido es una historia de pecado y de gracia, de fidelidad y traición. Dios fue siempre fiel a las sucesivas alianzas que hizo con Noé, Abrahán, Moisés y David. El pueblo, en cambio, no se cansó de violar ese pacto de amor.

Finalmente, Dios decide llevar a plenitud la alianza antigua con una nueva para llevar a cabo de modo definitivo su proyecto de salvación para los hombres: la que realizó en JESUCRISTO, su Hijo amado hecho hombre. Esta Nueva Alianza, anunciada por el profeta Jeremías, se inicia con la Encarnación del Verbo y culmina con su Muerte, su Resurrección, Ascensión y la vida de la Iglesia, el nuevo Pueblo de Dios. Esa Nueva Alianza por tanto *es el mismo Jesucristo, la Alianza de cada bautizado con Él.*

DIALOGAMOS

¿En qué consiste esta Nueva Alianza? ¿Por qué Jesús la llamó "Alianza en mi sangre"? ¿Dónde y cuándo se renueva esta Nueva Alianza?

Elección del profeta Jeremías

Jeremías nació hacia el año 650 a. C. cerca de Jerusalén. Anunció la ruina del templo y el cautiverio del pueblo judío durante setenta años en Babilonia. El mismo Jeremías nos narra su vocación al comienzo del libro de sus profecías.

Jeremías 1,4-10; 18-19.

El Señor me dirigió la palabra:

—Antes de formarte en el vientre, te elegí; antes de que salieras del seno materno, te consagré: te constituí profeta de las naciones.

Yo repuse:

—¡Ay, Señor, Dios mío! Mira que no sé hablar, que solo soy un muchacho.

El Señor contestó:

—No digas que eres un muchacho, pues irás adonde yo te envíe y dirás lo que yo te ordene. No les tengas miedo, que yo estoy contigo para librarte —oráculo del Señor—.

El Señor extendió la mano, tocó mi boca y me dijo:

—Voy a poner mis palabras en tu boca. Desde hoy te doy poder sobre los pueblos y reinos para arrancar y arrasar, para destruir y demoler, para reedificar y plantar (...). Lucharán contra ti, pero no te podrán, porque yo estoy contigo para librarte — oráculo del Señor—.

ANUNCIO DE UNA NUEVA ALIANZA (JEREMÍAS 31, 31-33)

Ya llegan días —oráculo del Señor— en que haré con la casa de Israel y la casa de Judá una alianza nueva. No será una alianza como la que hice con sus padres, cuando los tomé de la mano para sacarlos de Egipto, pues quebrantaron mi alianza, aunque yo era su Señor —oráculo del Señor—. Esta será la alianza que haré con ellos después de aquellos días —oráculo del Señor—: Pondré mi ley en su interior y la escribiré en sus corazones; yo seré su Dios y ellos serán mi pueblo. Ya no tendrán que enseñarse unos a otros diciendo: «Conoced al Señor», pues todos me conocerán, desde el más pequeño al mayor —oráculo del Señor—, cuando perdone su culpa y no recuerde ya sus pecados.

Qué dice el texto

En el primer texto Jeremías cuenta su propia vocación. El Señor le habla y él se excusa con el pretexto de que es muy joven, un muchacho (otras traducciones dicen: "soy un niño"). Pero el Señor reafirma su llamada diciéndole que ya le ha elegido para esta misión antes de que naciera del seno materno. Dios insiste en que no debe tener miedo porque Él estará siempre a su lado. Impresiona el pasaje en el cual el mismo Dios toca su boca y le dice que pone sus propias palabras en la boca del profeta.

El segundo texto aún es más impresionante porque Jeremías habla (es Dios quien habla por medio de él) de una Alianza Nueva con la que Dios llevará a cabo de modo definitivo su proyecto de salvación para los hombres. Esta Alianza es definitiva y su realizador es nada menos que el mismo Hijo de Dios, JESUCRISTO, Dios hecho hombre en las entrañas purísimas de la Virgen María.

Qué me dice Dios a mí

Me dice lo mismo que dijo a los Apóstoles en la Última Cena cuando consagró el pan y el vino en su Cuerpo y en su Sangre. Jesús les dijo: «Este es el cáliz de la Nueva Alianza en mi Sangre, que es derramada por vosotros» (Lucas 22, 20). Eso me lo dice ahora Dios a mí: «Yo he entregado en la Cruz mi Cuerpo y mi Sangre por amor a ti». **Piensa un poco y contéstame: ¿Qué deberías entregar tú por mí?**

Qué le puedo decir yo a Dios

Da gracias a Dios por tu Bautismo, pues por medio de él has entrado en la Nueva Alianza con Jesucristo en la Iglesia. Pídele ayuda para conocerle cada vez mejor y crecer en su Amor. **Escribe a Jesús algo que te salga de verdad del corazón:**

ORACIÓN

Gracias, Jesús, porque nos has dicho: «Yo estaré con vosotros todos los días hasta el fin del mundo». Ayúdanos a conocerte y amarte cada día más.

SEGUNDA PARTE

4. TESTIGOS DE LA FE

EL ÚLTIMO PROFETA: JUAN EL BAUTISTA

Después de muchos años se acerca la venida del Mesías al mundo, lo que San Pablo llama "la plenitud de los tiempos". El Señor se servirá para anunciar al Salvador de un hombre que se llamará **Juan el Bautista**.

Al pie de las montañas de Judea vivían dos ancianos esposos, Zacarías e Isabel. Ambos eran justos y esperaban con anhelo la venida del Mesías Salvador. Zacarías era sacerdote del Templo de Jerusalén. Un día mientras ofrecía incienso en el santuario, recibió la aparición de un ángel. Este le dijo llamarse Gabriel y que venía a anunciarle que el Señor le daría un hijo que sería grande en la presencia de Dios.

Convertirá muchos hijos de Israel al Señor, su Dios. Irá delante del Señor, con el espíritu y poder de Elías, para convertir los corazones de los padres hacia los hijos, y a los desobedientes a la sensatez de los justos, para preparar al Señor un pueblo bien dispuesto (Lucas 1, 16-17).

Meses después, cuando nació el niño, le pusieron por nombre Juan, como el ángel había dispuesto. Zacarías, su padre, lleno del Espíritu Santo, profetizó:

*«Y a ti, niño, te llamarán **profeta del Altísimo**, porque irás delante del Señor a preparar sus caminos, anunciando a su pueblo la salvación por el perdón de sus pecados».*

DIALOGAMOS

¿Por qué la Sagrada Escritura llama a la venida del Mesías "la plenitud de los tiempos"?

Zacarías llama su hijo "profeta del Altísimo". ¿Cuál va a ser la misión de Juan?

Cántico de Zacarías: "Benedictus"
(Lucas 1, 67-80)

Podemos recitar juntos este bello cántico:

Zacarías, su padre, se llenó de Espíritu Santo y profetizó diciendo:
«Bendito sea el Señor, Dios de Israel, | porque ha visitado y redimido a su pueblo,
suscitándonos una fuerza de salvación | en la casa de David, su siervo,
según lo había predicho desde antiguo | por boca de sus santos profetas.

Es la salvación que nos libra de nuestros enemigos | y de la mano de todos los que nos odian;
realizando la misericordia que tuvo con nuestros padres, | recordando su santa alianza
y el juramento que juró a nuestro padre Abrahám para concedernos
que, libres de temor, arrancados de la mano de los enemigos, | le sirvamos con santidad y
justicia, en su presencia, todos nuestros días.

Y a ti, niño, te llamarán profeta del Altísimo, | porque irás delante del Señor a preparar sus
caminos, anunciando a su pueblo la salvación | por el perdón de sus pecados.
Por la entrañable misericordia de nuestro Dios, | nos visitará el sol que nace de lo alto,
para iluminar a los que viven en tinieblas y en sombra de muerte, | para guiar nuestros pasos
por el camino de la Paz.

ORACIÓN

Te pedimos, Señor, que todo lo que hemos conocido por medio de los
Profetas y por tu Hijo Jesucristo se grabe de tal modo en nuestra mente
y en nuestro corazón que nunca jamás lo podamos olvidar. Amén.

6. CATEQUESIS EN FAMILIA

Estas actividades son para hacer conjuntamente los padres (o uno de ellos) con el hijo o la hija. No es difícil encontrar unos minutos para ayudarles en su formación cristiana.

COMPLETA

La nueva y definitiva Alianza de Dios con los hombres:

Fue anunciada por el profeta _ _ _ _ _ _ _ _

Esta Alianza comienza con la venida al mundo de _ _ _ _ _ _ _ _ _

Esta Alianza culmina con la _ _ _ _ _ _ _ _ de Jesucristo al Cielo.

Esta Nueva Alianza consiste en nuestra unión con _ _ _ _ _ _ _ _

Esta Nueva Alianza comienza para cada cristiano en el momento de su _ _ _ _ _ _ _

VER EL VÍDEO

link

Vemos el vídeo **"La vida eterna"**.
© Editorial Casals.

SOPA DE LETRAS

Busca la palabra adecuada para completar cada frase de abajo, escríbela en su sitio y rodéala con lápiz dentro de la sopa de letras.

B	S	E	Ñ	O	R	A	D
O	Y	H	N	G	D	K	I
C	O	R	A	Z	O	N	O
A	D	E	S	A	W	G	S
A	T	S	I	T	U	A	B
L	O	J	G	D	J	F	K
S	A	I	M	E	R	E	J

- Anunció una Alianza Nueva y Definitiva de Dios con los hombres...
- Quién ordenó a Jeremías que anunciara una nueva y definitiva Alianza...
- Dios extendió la mano y tocó a Jeremías en su...
- Dios escribirá su Ley en nuestro interior, en nuestro...
- El último profeta fue apodado como...
- Convertirá a muchos corazones al...

INVESTIGAMOS

¿Por qué la Sagrada Escritura llama a la venida al mundo de Jesucristo la "plenitud de los tiempos"?

_ _

_ _

_ _

_ _

CELEBRACIÓN DE LA ALIANZA

Lugar Preferentemente en la iglesia, pero se puede celebrar en un lugar adecuado para la oración

Intervienen Un monitor catequista, un catequista, un sacerdote y los catecúmenos

Esquema
- Monición de entrada: *catequista*
- Propuesta del sacerdote, en nombre del Señor, de realizar una alianza personal y grupal con los catecúmenos: *sacerdote*
- Aceptación de la propuesta por los catecúmenos: *catecúmenos*
- Peticiones: *un catequista*
- Oración final y bendición: *sacerdote*

Algunas cosas, por si te sirven:

Monición de entrada: Hemos visto a lo largo de nuestros encuentros que Dios buscó al hombre después del pecado de nuestros primeros padres y para sacarlos de esa situación. Su amor de Padre le llevó a realizar diversas alianzas, con las que iba realizando sus designios de salvación. Primero con Noé, luego con Abrahán, Moisés, David, finalmente prometió realizar una Alianza nueva y perfecta. El sacerdote, en nombre del Señor, os hará una propuesta.

Sacerdote: Queridos catecúmenos: ¿Queréis hacer una alianza con el Señor?

Catecúmenos: Sí, queremos.

Sacerdote: ¿Estáis dispuestos a aceptar las condiciones?

Catecúmenos: Sí, estamos dispuestos.

Sacerdote: Os hablo en nombre del Señor: Esta es la propuesta de mi Alianza y sus condiciones: Que me acojáis como Padre y que aceptéis a mi Hijo, Jesucristo, recibiendo (confirmando vuestro) el Bautismo, y al Espíritu que él os envíe en la Confirmación. ¿Aceptáis esto?

Catecúmenos:	Sí, lo acepto.
Sacerdote:	¿Estáis dispuestos a ser fieles a lo que ahora aceptáis?
Catecúmenos:	Sí, con tu ayuda.
Sacerdote:	Yo lo acepto. Y, si alguna vez no cumplís vuestra palabra, os perdonaré si me pedís sinceramente perdón.
Catecúmenos:	Gracias, padre.
Catequista:	Pidamos ahora bien unidos para que todos renovemos nuestro Bautismo y los catecúmenos prosigan su camino hasta completar su iniciación cristiana.
Otro catequista:	Diversas peticiones (que hay que tener preparadas).
Conclusión del sacerdote:	Que el Señor os guíe y os proteja en vuestro camino para que seáis fieles a la Alianza que habéis hecho hoy con Él.
Catecúmenos:	Amén.
Sacerdote:	La bendición de Dios Todopoderoso, Padre, Hijo y Espíritu Santo descienda sobre vosotros y os acompañe siempre.
Todos:	Amén.

EL PROYECTO "CATEQUESIS DE ORIENTACIÓN CATECUMENAL": ORIENTACIONES PARA LOS CATEQUISTAS

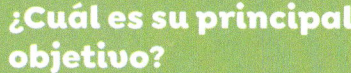

¿Cuál es su principal objetivo?

En este proyecto de catequesis, por tanto, no se prepara a una persona *para que reciba éste o el otro sacramento* sino *para que descubra, acepte, siga y aprenda a amar a la Persona de Jesucristo.*

Seguir a Jesucristo "no es un hecho que interesa sólo a nuestra inteligencia, sino que es un cambio que involucra la vida, la totalidad de nosotros mismos: sentimiento, corazón, inteligencia, voluntad, corporeidad, emociones, relaciones humanas. Con la fe en Jesucristo cambia verdaderamente todo en nosotros y para nosotros, y se revela con claridad nuestro destino futuro, la verdad de nuestra vocación en la historia, el sentido de la vida, el gusto de ser peregrinos hacia la Patria celestial" (Benedicto XVI, Audiencia 17-X-2012).

Unas **palabras del papa Francisco, dirigidas a los Obispos de España,** son muy adecuadas para entender la actualidad de los planteamientos del presente proyecto: *"El momento actual (…) exige poner a vuestras Iglesias en un verdadero estado de misión permanente, para llamar a quienes se han alejado y fortalecer la fe, especialmente en los niños. Para ello no dejéis de prestar una atención particular al proceso de iniciación a la vida cristiana" (…) y al "acompañamiento de las familias (…) Iglesia doméstica donde se fragua y se vive la fe. Una familia evangelizada es un valioso agente de evangelización"* (Discurso del 3-III-2014).

Descripción del proyecto en sus tres niveles

El proyecto "Catequesis de Orientación Catecumenal" está estructurado en tres niveles, para ser desarrollado a lo largo de tres cursos o en tres cursillos más breves.

En una *Visión de conjunto* tendríamos el siguiente esquema:

Nivel 1: Creación, promesas y alianzas (Dios Padre)

Nivel 2: Realización de las promesas y de la alianza (Jesucristo Redentor)

Nivel 3: Actualización y vivencia de la Redención (Espíritu Santo e Iglesia)

En una visión más detallada, desglosamos los siguientes "encuentros" para cada uno de los tres niveles:

NIVEL 1

1	Dios creó el mundo por amor
2	Dios creó al hombre y a la mujer (y les colmó de dones)
3	El ser humano se aleja de Dios
4	Dios sale al encuentro del hombre (promesa del Salvador)
5	Dios hace una alianza con Noé
6	Dios elige un pueblo: alianza con Abrahán
7	Dios prueba la fe de Abraham
8	Dios libera a su pueblo de la esclavitud: Moisés-La Pascua
9	Dios ratifica su alianza en el Sinaí: Moisés-Los 10 Mandamientos
10	Dios guía a su pueblo en el desierto y le da la tierra prometida
11	Dios elige a David, del cual nacerá el Mesías
12	David anuncia un nuevo Reino
13	Los profetas anuncian al Mesías Salvador
14	Dios anuncia una alianza nueva y definitiva

	NIVEL 2		NIVEL 3
1	Dios cumple sus promesas (Anunciación y Encarnación)	1	El libro de los Hechos de los Apóstoles
2	El Salvador nace en Belén	2	La primera piedra: el kerigma
3	El Bautismo de Jesús en el Jordán	3	Pentecostés: hombres nuevos
4	Jesús cura a los enfermos	4	La primera comunidad cristiana
5	Jesús perdona mis pecados	5	Un modo de vida nuevo
6	"Yo soy la Resurrección y la Vida"	6	Un mundo sin fronteras
7	La Última Cena (Introducción al Misterio Pascual)	7	Más de Cristo y más de la Iglesia
8	"¡Ten compasión de mí!"	8	Reunidos cada domingo
9	Jesús murió por mí y por todos	9	Las iglesias domésticas
10	Jesús Resucitó y se apareció a los Apóstoles	10	El amor divino y humano
11	Jesús en el camino de Emaús	11	Desprendidos de los bienes materiales
12	Jesús sube al Cielo y nos envía el Espíritu Santo	12	Pecadores perdonados
13	La Iglesia (Pueblo de Dios-Cuerpo de Cristo-Comunión)	13	Cambiar el mundo
14	"Id por todo el mundo" (Misión apostólica)	14	Misioneros ayer, hoy, siempre
15	María, Madre de la Iglesia y Madre nuestra	15	María, Reina de los apóstoles

Estructura de cada uno de los encuentros

Cada uno de los encuentros está pensado para impartirlo en dos semanas. Por eso, en un trimestre podrán impartirse cinco encuentros. Todos los encuentros tienen la siguiente estructura:

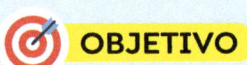 **OBJETIVO**

PRIMERA PARTE

1. **Introducción**
2. **Leemos el texto bíblico**
3. **Analizamos el texto bíblico**

SEGUNDA PARTE

4. **Testigos de la fe**
5. **Celebramos**
6. **Catequesis en familia**

El *objetivo* formula la finalidad de cada encuentro, aquello que se quiere transmitir y enseñar a vivir a través de los diferentes apartados que lo desarrollan.

La división de cada encuentro en dos partes tiene como finalidad presentar a los catequistas **una propuesta práctica de programación**, a razón de unos cinco encuentros por trimestre. Es un plan sencillo y normalmente asequible.

La finalidad de cada uno de los *apartados* es la siguiente:

1. *Introducción:* la primera página de cada encuentro tiene como fin introducir el tema de un modo atrayente y ameno. En el nivel 1 este apartado se llama "Nos situamos"; en el nivel 2 "Tertulia familiar", etc.

2. *Leemos el texto bíblico:* este es un momento muy importante, pues de una lectura atenta, pausada y bien asimilada va a depender la adecuada identificación con el objetivo que se propone en cada encuentro. La imagen que va en esta página está pensada para que sea comentada por el catequista y ayude a los catequizandos identificarse mejor con el texto bíblico.

3. *Analizamos el texto bíblico:* es importante hacer un cuidadoso análisis del texto bíblico para destacar lo que nos quiere decir el autor del texto y también aquello que Dios nos quiera sugerir o inspirar con esa lectura. Muchas veces deberá tener el tono de una breve reflexión o meditación en un clima de diálogo entre el catequista y los catequizandos.

4. *Testigos de la fe:* en cada encuentro se dedica esta página a una breve semblanza de un cristiano o cristiana ejemplar, que puede ser un santo de la Iglesia o un joven de nuestros días que haya dado un testimonio cristiano destacado.

5. *Celebramos:* esta página, que suele tener contenido litúrgico, tiene como finalidad "enseñar a orar" por medio de un himno, un canto, un prefacio o una oración en común. Es el momento celebrativo de cada encuentro y aquí será importante la dinámica que aplique el catequista para conseguir una participación activa y piadosa de su grupo de catecúmenos.

6. *Catequesis en familia:* Cada encuentro ofrece en la página final unas *actividades para vivir en familia. Este momento familiar tiene mucho interés* pues se ofrece a los padres la ocasión de vivir un rato semanal o quincenal de "catequesis en familia", de conversar con su hijo/a sobre un pasaje del Evangelio, de ver juntos un vídeo con mensaje cristiano o de realizar conjuntamente (padres e hijo/a) una actividad simpática, por ejemplo, una sopa de letras, leer e interpretar una poesía con mensaje espiritual o escuchar una canción.

En estas catequesis los catecúmenos y catequizandos deben aprender a vivir y a orar en comunidad y a participar activamente en la vida y misión de la Iglesia. El Concilio Vaticano II señala a los pastores la necesidad de «cultivar debidamente el espíritu de comunidad» y a los catecúmenos la de «aprender a cooperar eficazmente en la evangelización y edificación de la Iglesia».

La belleza de las imágenes

Un aspecto que hemos querido cuidar de modo especial ha sido la calidad y belleza de las imágenes, tanto las que ilustran los tres libros como las que se trasmiten por medio de los vídeos y canciones. En este punto hemos seguido la recomendación del papa Francisco en su Exhortación "La

alegría del Evangelio": "*Es bueno que toda catequesis preste una especial atención al «camino de la belleza» (via pulchritudinis). Anunciar a Cristo significa mostrar que creer en Él y seguirlo no es sólo algo verdadero y justo, sino también bello, capaz de colmar la vida de un nuevo resplandor y de un gozo profundo, aun en medio de las pruebas. En esta línea, todas las expresiones de verdadera belleza pueden ser reconocidas como un sendero que ayuda a encontrarse con el Señor Jesús*" (Evangelii Gaudium n. 167).

Implicar a los padres de familia

Si buscamos *formar niños o jóvenes cristianos* hemos de considerar la necesidad de implicar a los padres en el proceso de iniciación cristiana de sus hijos. Como decía un buen y experto párroco: "Si los padres no están ahí, los chicos no siguen después".

La experiencia demuestra que, informados y motivados de modo conveniente, un número significativo de padres, a veces poco o nada practicantes, suelen aceptar y apoyar para sus hijos un proyecto de Catecumenado sistemático, pues en su subconsciente no quieren para sus hijos la indiferencia religiosa presente en gran parte de la juventud actual.

En este contexto, el proyecto "Catequesis de Orientación Catecumenal" ofrece a los padres la posibilidad de participar de una forma sencilla y natural por medio de los materiales que se les entregan. Si se pone interés en hacer estas actividades con el hijo/a, estos ratos de "catequesis en familia" resultarán una ayuda eficaz para lograr en el hogar un ambiente familiar más cristiano. Además, los padres que se implican en este proceso refuerzan su vida cristiana pues "la fe crece cuando se transmite" (Benedicto XVI y el papa Francisco en diversos discursos).

Todos los esfuerzos que se hagan para implicar a los padres en la iniciación cristiana de sus hijos están en la buena dirección, hasta el punto de que ese es el objetivo más importante de la catequesis (Cf. Enzo Biemmi, *El segundo anuncio*. Sal Terrae, págs. 65 y ss.).

No hay recetas únicas para implicar a los padres. Sin embargo, las cosas buenas que se van haciendo, aunque parezca que se camina despacio, dan excelentes pistas.

- **Tener al menos una reunión trimensual con los padres.** En la primera reunión con ellos se les puede exponer las líneas generales del proyecto "Catequesis de Orientación Catecumenal" y la importancia de su colaboración en bien de sus hijos. A la vez, se les puede comentar en qué consistirían las sesiones semanales o quincenales de "catequesis en familia" previstas para realizar en casa, y se les pueden presentar algunos ejemplos de la página seis de cada encuentro que es la dedicada a la "catequesis en familia". Se les hará ver que son actividades sencillas que esta participación espontánea y libre de los padres es muy eficaz para la formación cristiana de los hijos.

Cómo poner en marcha este proyecto en una parroquia o colegio

Hay muchas maneras de iniciar un Proyecto de Catequesis de Orientación Catecumenal en una parroquia, colegio o movimiento. A continuación exponemos los pasos que, según nuestra experiencia, se pueden dar para iniciarlo:

- **El párroco o el capellán** que lo promueve debería formular por escrito el proyecto con bastante detalle. En este punto será muy positiva la colaboración activa de los catequistas. Y, lógicamente, adecuar lo mejor posible el proyecto a aquellos a quienes va dirigido.

- **Seleccionar a los catequistas apropiados.** Este punto es clave, pues serán ellos quienes han de impulsar y orientar este tipo peculiar de catequesis manteniendo una relación de colaboración cercana y amistosa con los jóvenes y con los padres de los chicos que participan en el proyecto.

Los catequistas

Probablemente un buen número de los catequistas que se encarguen de estas catequesis catecumenales sean fieles laicos. Pues bien, los catequistas laicos "al vivir la misma forma de vida que aquellos a quienes catequizan, tienen una especial sensibilidad para encarnar el Evangelio en la vida concreta. Los propios catecúmenos y catequizandos pueden encontrar en ellos un modelo cristiano cercano en el que proyectar su futuro como creyentes (…). El Señor Jesús invita así, de una forma especial, a hombres y mujeres, a seguirle precisamente en cuanto maestro y formador de discípulos. Esta llamada personal de Jesucristo, y la relación con El, son el verdadero motor de la acción del catequista. De este conocimiento amoroso de Cristo es de donde brota el deseo de anunciarlo, de evangelizar, y de llevar a otros al "sí" de la fe en Jesucristo".

Elementos propios del Catecumenado: etapas, ritos, escrutinios

Es tradicional en toda catequesis parroquial o escolar programar algunas *celebraciones de la Palabra* (por ejemplo, la entrega de la Biblia, del Catecismo o del Padrenuestro). Estas celebraciones de la Palabra son muy adecuadas para desarrollar en los catecúmenos y en sus familias el sentido religioso y el espíritu de comunidad.

En unas catequesis de orientación catecumenal como las que ahora presentamos estas celebraciones adquieren especial importancia. La **Cuaresma** ha de cobrar toda su pujanza para ofrecer una más intensa preparación de los catecúmenos; y la **Vigilia Pascual** es el tiempo más adecuado para administrar los sacramentos de la iniciación.

En el supuesto de niños y niñas en edad escolar que comienzan su iniciación cristiana, las celebraciones se jalonan según prescribe el **Ritual de Iniciación cristiana de adultos, capítulo V.**

Cuando se trata de bautizados que ya han recibido la Primera Eucaristía y quieren completarla con la Confirmación, una posible *secuencia celebrativa* de las etapas y ritos podría ser la siguiente:

1. **Nivel 1**: Rito de entrada (a principios del Nivel 1).

2. **Nivel 2**: Celebración penitencial: el tiempo de purificación e iluminación de los catecúmenos de ordinario será a lo largo de la Cuaresma, que es tiempo muy adecuado para una celebración de la Penitencia. Así se disponen los catecúmenos para celebrar el Misterio Pascual y recibir la Eucaristía.

3. **Nivel 3**: Segunda celebración Penitencial, previa a la Confirmación.

4. Entregas del Credo y Padre Nuestro (+Evangelio y Cruz): después de recibir la Confirmación.

Completar la iniciación cristiana con la Confirmación

Una de las principales finalidades del proyecto Junior "Catequesis de Orientación Catecumenal" es, precisamente, ayudar a jóvenes a completar su iniciación cristiana y recibir el Sacramento de la Confirmación. Por ello, ahora seremos muy breves.

Según el Catecismo de la Iglesia Católica, "el sacramento de la Confirmación constituye con el Bautismo y la Eucaristía

el conjunto de los "sacramentos de la iniciación cristiana", cuya unidad debe ser salvaguardada. Es preciso, pues, explicar a los fieles que la recepción de este sacramento es necesaria para la plenitud de la gracia bautismal. En efecto, a los bautizados "el sacramento de la Confirmación los une más íntimamente a la Iglesia y los enriquece con una fortaleza especial del Espíritu Santo. De esta forma quedan obligados aún más, como auténticos testigos de Cristo, a extender y defender la fe con sus palabras y sus obras" (cf *Ritual de la Confirmación*) (CEC, n. 1285).

Por eso, "la preparación para la Confirmación debe tener como meta conducir al cristiano a una unión más íntima con Cristo, a una familiaridad más viva con el Espíritu Santo, su acción, sus dones y sus llamadas", y su catequesis "se esforzará por suscitar el sentido de la pertenencia a la Iglesia de Jesucristo, tanto a la Iglesia universal como a la comunidad parroquial. Esta última tiene una responsabilidad particular en la preparación de los confirmandos (cf *Ritual de la Confirmación*)" (CEC, n. 1309).

Todos estos objetivos se van desarrollando a lo largo del proyecto "Catequesis de Orientación Catecumenal" Junior.

Medios audiovisuales y Anexos

Los *contenidos multimedia* que forman parte del proyecto editado "Catequesis de Orientación Catecumenal" (canciones y vídeos) han sido seleccionados por su calidad y dependiendo de las edades de cada Nivel. En cada contenido audiovisual hay un código QR que dirige nuestra página web donde podrás ver todos los vídeos.

Son vídeos y canciones muy adecuados para los jóvenes; tienen también la virtud de ser bastante breves, pues casi nunca superan los 5 minutos, lo cual facilita su uso en la sesión de catequesis parroquial o escolar y en la familia.

Al final de cada uno de los tres libros van cuatro *anexos*:

- Glosario
- Oraciones
- Misal
- ¿Cómo hacer una buena confesión?

El *anexo Glosario* recoge los términos del *vocabulario cristiano básico* que se han utilizado en la exposición de los 15 encuentros de cada Nivel.

El *anexo Oraciones* recoge las oraciones cristianas más comunes: el Padrenuestro, el Avemaría y el Gloria; las oraciones más conocidas a la Santísima Virgen: la Salve, el Acordaos, el Angelus; el acto de contrición, etc.

El *anexo Misal* tiene como finalidad facilitar al catequizando una breve exposición de las partes y ritos de la Misa que pueda serle útil para participar de un modo atento y piadoso en la celebración dominical de la Eucaristía.

Cómo facilitar la perseverancia al finalizar la Catequesis de Orientación Catecumenal

Una de las cosas que más entristece a los pastores de la Iglesia y a los catequistas es ver cómo, con excesiva frecuencia, bastantes chicos y chicas

que han acudido durante dos o tres años a las catequesis de preparación para la Confirmación, una vez confirmados, se alejan de la parroquia y de la Iglesia. Sería muy interesante conocer bien los motivos de esas *deserciones*. Pensamos que uno de los factores más decisivos es el no haber logrado una conexión suficientemente fuerte, efectiva y afectiva, con otros jóvenes que están bien integrados en instituciones de la Iglesia o en la propia parroquia.

Por eso, desearíamos subrayar la importancia que tiene proporcionar a estos chicos y chicas, dentro de las actividades previstas para su formación, un conocimiento no solo teórico, sino vivo y cercano de algunas realidades eclesiales. Sería muy deseable que este fuera *uno de los objetivos principales de los párrocos* durante este periodo de formación para los jóvenes que están en la etapa de la Confirmación.

Para ello, les haría mucho bien a estos jóvenes del Catecumenado escuchar de vez en cuando el testimonio de otros jóvenes que colaboran con algunas de esas realidades eclesiales y participar en *actividades de voluntariado* de Caritas, Manos Unidas, Banco de Alimentos, Monitores de algunas actividades de la parroquia (deportes, visitas a ancianos o a enfermos, convivencias y campamentos, etc.). Así mismo, algunos de ellos podrían ser *catequistas* y ayudar a las catequesis y dinámicas de los más pequeños (por ejemplo, entre 6 y 10 años). Estos chicos y chicas crecen rápidamente y podrán ser pronto futuros monitores o catequistas.

Los autores

A

Absolución: Perdón de los pecados que otorga el sacerdote, en nombre de Jesucristo, dentro del Sacramento de la Penitencia.

Adorar: Reconocer que Dios está por encima de todo lo creado. Sólo a Dios le debemos adoración.

Adviento: Tiempo de preparación a la última venida del Señor (hasta el 16.XII) y a la Navidad (desde el 17.XII).

Alianza: Pacto que hizo Dios con el Pueblo de Israel.

Alma: Elemento espiritual que da fuerza y vida al ser humano. Dios crea y da un alma a cada persona.

Altar: Mesa santa sobre la que se celebra la Eucaristía o Misa.

Amar: Querer a una persona. Dios nos manda amarle primero a Él y luego a nuestros prójimos.

Ángeles: Espíritus puros creados por Dios para alabarle y para ayudar a los hombres en el camino de la salvación. Dios ha dado a cada persona un Ángel de la Guarda o Custodio.

Antiguo Testamento: La parte de la Biblia que cuenta los hechos sucedidos antes de la venida de Jesús al mundo.

Anunciación: Anuncio que recibió la Virgen María del ángel Gabriel de que iba a ser la Madre del Salvador.

Apóstoles: Los doce hombres que Jesús escogió para predicar el Evangelio por toda la tierra.

Arrepentimiento: Pesar o dolor por haber ofendido a Dios.

Ascensión: Subida de Jesús al cielo, por su propio poder.

Asunción: Subida de la Virgen María al cielo en cuerpo y alma, por el poder de Dios.

B

Bautismo: Sacramento por el cual Dios nos hace hijos suyos, nos borra el pecado original y los pecados personales, nos da la gracia del Espíritu Santo y comenzamos a ser miembros de la Iglesia.

Belén: Pueblo de Palestina en el que nació Jesús. Representación con figuras del nacimiento de Jesús.

Biblia: Conjunto de libros que forman las Sagradas Escrituras, cuyo principal autor es Dios. Se divide en dos partes: Antiguo y Nuevo Testamento.

Bienaventuranzas: Los caminos que enseñó Jesús para alcanzar el cielo.

Blasfemia: Palabra injuriosa contra Dios, la Virgen o los santos.

C

Calvario: Nombre del monte en el que fue crucificado Jesús.

Caridad: Virtud que consiste en amar primero a Dios y después a nuestro prójimo. Es el principal Mandamiento de Jesús.

Católico: El que profesa la religión católica. Católica significa universal.

Cáliz: Copa que Jesús usó en la última cena. Copa que usa el sacerdote en la Misa.

Cenáculo: Habitación en la que Jesús celebró la última cena con los Apóstoles.

Cielo: La felicidad de los que ya gozan de Dios para siempre.

Comunión: Recibir el Cuerpo de Cristo consagrado en la Santa Misa.

Conciencia: Capacidad de la persona humana para juzgar sobre la bondad o maldad de sus actos.

Confesión: Decir los pecados al sacerdote en el Sacramento de la Penitencia para recibir el perdón de Dios.

Consagración: Momento de la Misa en el que el pan y el vino se convierten en el Cuerpo y Sangre de Jesucristo.

Conversión: Reconciliarse con Dios. Ver reconciliación.

Creación: El conjunto de la obra salida de las manos de Dios.

Crear: Hacer algo de la nada. Dios creó el mundo de la nada.

Credo: El conjunto de verdades de la fe católica.

Crisma: Aceite de oliva mezclado aceites naturales olorosos y bendecido por el obispo, que se utiliza para ungir a los que reciben el Bautismo, la Confirmación y el Orden Sacerdotal.

Cristiano: El que es discípulo de Jesucristo.

Crucifijo: Imagen de Cristo crucificado.

Cruz: La señal del cristiano, pues en ella quiso Jesús morir para salvarnos.

Cuaresma: Tiempo de preparación para la Pascua, sobre todo, mediante la conversión, la penitencia y la limosna.

D

Decálogo: Los diez Mandamientos de la Ley de Dios.

Demonio: Un ángel que se rebeló contra Dios, arrastrando a muchos otros. Se opone a Dios y trata de perder a los hombres.

Derechos del hombre: Los que corresponden a todo ser humano por su dignidad de hijo de Dios. Esta dignidad es igual para todos, sin distinción de edad, sexo, raza, cultura o religión.

Destierro: Hecho de desterrar; echar a alguien de su país. El pueblo judío fue desterrado a Babilonia.

Diócesis: Territorio en el que ejerce su servicio y autoridad un Obispo.

Dios: Nuestro Padre del cielo, Creador y Señor de todas las cosas.

Discípulo: Los hombres y mujeres que seguían a Jesús. También nosotros somos ahora discípulos de Jesús.

Domingo: Día en el que los cristianos celebramos la Resurrección de Jesucristo sobre todo participando en la Eucaristía.

Emmanuel: Significa «Dios con nosotros». Jesús es el *Emmanuel*.

Emperador: Jefe supremo del Imperio.

Encarnación: Misterio por el cual el Hijo de Dios se hizo hombre tomando carne en las entrañas purísimas de la Virgen María.

Envidia: Sentir disgusto o pesar por el bien ajeno.

Epifanía: La fiesta que celebra la manifestación de Jesús, el Salvador, a toda la humanidad representada por los Magos de Oriente.

Esperanza: La virtud que nos lleva a confiar en que Dios nos ayudará siempre en el camino de la salvación.

Espíritu Santo: La tercera Persona de la Santísima Trinidad. Es Dios como el Padre y el Hijo.

Eternidad: Que no tiene fin. Dios es eterno. El cielo y el infierno también serán eternos.

Eucaristía: El sacramento que actualiza el sacrificio redentor de Jesucristo y que Él se haga presente con su Cuerpo, Sangre, Alma y Divinidad para que podamos comulgarlo.

Evangelio: Significa «Buena Noticia». Nos han llegado cuatro Evangelios que recogen la vida y las palabras de Jesús, según los relatos de Mateo, Marcos, Lucas y Juan.

Examen de conciencia: Una de las cosas que debemos hacer antes de recibir el sacramento de la Penitencia: pensar atentamente las faltas o pecados que debemos declarar en la confesión.

Éxodo: Salida de los israelitas de su cautividad en Egipto.

Fariseo: Hombre que formaba parte de una secta entre los judíos. Muchos fariseos fueron enemigos de Jesús.

Fe: Virtud por la que creemos lo que Dios nos ha revelado y la Iglesia nos enseña.

Felicidad: El estado de plena alegría y gozo de los que ya están en el cielo.

Fiel: Todo bautizado que vive la fe de la Iglesia.

Firmamento: El conjunto de los astros del cielo.

Fraternidad: Unión y amor que debemos tener a todos los hombres los que seguimos a Jesús.

Generoso: El que tiene un corazón bueno y comparte sus cosas con los demás.

Genuflexión: Gesto que consiste en poner una rodilla en el suelo en señal de adoración a Dios. Se hace, por ejemplo, ante el Sagrario.

Gracia: Don divino que nos hace hijos de Dios y herederos del cielo.

Hebreo: Ver israelita.

Historia de la Salvación: La historia de las relaciones de Dios con los hombres y de éstos con Dios. Está narrada en la Biblia. Su centro es la persona de Jesucristo.

Homicidio: Matar a otra persona.

Honrar: Respetar a las personas. Tenemos especialmente el deber de honrar a nuestros padres.

Hostia: Pan sin levadura que consagra el sacerdote en la Misa y se convierte en el Cuerpo de Cristo.

Hurtar: Acción de robar, es decir, de apoderarse de una cosa contra la voluntad de su dueño.

Ídolo: Imagen de un dios falso.

Idolatría: Acción de adorar a un ídolo.

Iglesia: Familia de los hijos de Dios formada por todos los bautizados. Lugar destinado a dar culto a Dios.

Imagen: Representación de una figura de Jesús, la Virgen o los santos.

Infalible: Que no se equivoca; que no engaña. El Papa es infalible cuando enseña, de modo solemne, y con intención de obligar a todos los fieles, una verdad de fe o de moral como Pastor supremo de la Iglesia.

Infidelidad: Falta de fidelidad, en especial a Dios.

Infierno: El sufrimiento de los que, después de la muerte, viven para siempre separados de Dios.

Inmaculada Concepción: Se dice de la Virgen María, porque nació sin la mancha del pecado original, con el que todos nacemos.

Israelita: Los que forman parte del pueblo de Israel.

Jaculatoria: Frase breve dirigida con amor a Jesús, a la Virgen o a algún santo.

Jerarquía: Se llama en la Iglesia a quienes han recibido el Sacramento del Orden Sacerdotal.

Jesús o Jesucristo: El Hijo único de Dios, verdadero Dios como su Padre. Se hizo hombre para salvarnos y darnos la vida divina.

Judíos: Ver israelita.

Juicio: Facultad de juzgar.

Juicio final: Cuando al fin del mundo Jesucristo venga a juzgar a todos los hombres.

Justicia: Virtud que consiste en ser justo, dando a cada uno lo suyo.

Justo: El que vive la justicia. También significa santo.

Laico: Los cristianos corrientes que deben dar testimonio de Jesús en el mundo, sobre todo en su familia y en su trabajo.

Ley de Dios: Se contiene en el Decálogo, es decir, en los Diez Mandamientos.

Liberación: El hecho de alcanzar la libertad. La principal liberación es la del pecado. Jesús nos ha liberado del pecado.

Libertad: Facultad que tiene el hombre de obrar de una manera o de otra.

Liturgia: Celebración de los misterios de nuestra redención, mediante la Palabra de Dios, los sacramentos, el año litúrgico y el oficio divino.

Magisterio (de la Iglesia): Enseñanzas que la Iglesia da a los fieles por medio del Papa y de los Obispos.

Maná: Alimento misterioso que Dios envió al pueblo de Israel cuando iba por el desierto.

Mandamientos: La Ley de Dios contenida en el Decálogo.

Mártir: El que da la vida por amor a Jesucristo.

Matrimonio: Sacramento que santifica la unión entre el hombre y la mujer para que formen una familia cristiana.

Mediador: El que media o hace de intermediario entre dos partes. Jesucristo es el único que puede hacer de "Mediador" entre Dios y los hombres al ser, a la vez, Dios verdadero y hombre verdadero.

Mentir: Decir lo contrario a lo que uno sabe o piensa.

Mesías: El Hijo de Dios, el Salvador prometido por los profetas a los israelitas.

Milagro: Hecho admirable debido al poder de Dios.

Misa: La actualización del sacrificio de la Cruz, que ofrece Jesucristo por medio del sacerdote.

Misericordia: Tener pena y compasión de los males ajenos.

Misionero: Cristiano (sacerdote, religioso o laico) que predica el Evangelio a los que no conocen a Jesucristo.

Moral: Ciencia que trata de las acciones humanas y enseña el modo de obrar bien.

Naturaleza: El conjunto de todos los seres del Universo creados por Dios.

Navidad: Día en el que se celebra el nacimiento de Jesús.

Nuevo Testamento: Parte de la Biblia que contiene los libros escritos después de la venida de Jesús al mundo.

Obedecer: Hacer lo que otro nos manda. Jesús nos enseñó el valor de la obediencia.

Obispo: Son los sucesores de los Apóstoles, que, bajo la autoridad del Papa, guían al pueblo de Dios, cada uno en su propia diócesis.

Ofensa: Acción de ofender a otra persona, de palabra o de obra.

Ofrecer: Entregar a otro voluntariamente una cosa. Por

ejemplo, ofrecer a Dios las obras del día.

Oración: Hablar con Dios para pedirle algo, darle gracias, etc. También se puede orar a la Virgen y a los santos.

Padrenuestro: La oración que Jesús enseñó a sus discípulos.

Papa: El sucesor del Apóstol San Pedro, como Obispo de Roma y representante de Cristo en la tierra. También se le llama Romano Pontífice y Santo Padre.

Parábola: Narraciones que usaba Jesús para hablar a sus discípulos y a la gente.

Paraíso: Lugar delicioso en el que Dios puso a Adán y Eva.

Párroco: El sacerdote que está al frente de una parroquia.

Parroquia: Iglesia que atiende espiritualmente a los fieles de una determinada zona.

Pasión: Sufrimientos que padeció Jesús desde el huerto de los olivos hasta su muerte en la cruz.

Pascua: Fiesta en la que los cristianos celebramos con júbilo la Resurrección de Jesucristo. Ese día comienza el tiempo Pascual.

Pastor: El que cuida y conduce a las ovejas. Los Pastores en la Iglesia son principalmente el Papa y los Obispos, que guían al pueblo cristiano en nombre de Jesucristo.

Patriarcas: Hombres del Antiguo Testamento que dieron origen a grandes familias.

Pecado: Desobediencia voluntaria a la Ley de Dios. (Pecado original: Aquel con el que todos nacemos, heredado de nuestros padres.)

Perdonar: Dejar de castigar una falta u ofensa. Dios nos perdona los pecados en el sacramento de la Penitencia.

Penitencia: Uno de los siete Sacramentos instituidos por Jesucristo. En él Jesús nos perdona los pecados, si le pedimos perdón.

Pentecostés: Día en que la Iglesia clausura el tiempo pascual y celebra la venida del Espíritu Santo sobre los Apóstoles.

Pobre: El que carece de lo necesario para vivir. Jesús mostró su predilección hacia los pobres.

Politeísmo: El creer en muchos dioses.

Predicar: Anunciar el Evangelio de Jesús con la palabra y con el ejemplo.

Presbítero: Es el bautizado que recibe el orden sacerdotal para ayudar al obispo en su labor pastoral (ver sacerdote).

Primogénito: El hijo nacido en primer lugar.

Profeta: Persona elegida por Dios para hablar en su nombre por estar lleno de su Espíritu. Los profetas denuncian los pecados de los hombres, invitan a la conversión y anuncian la acción salvadora de Dios. En el Antiguo Testamento anunciaron la venida del Mesías al mundo.

Prójimo: Cualquier persona respecto de otra.

Propósito (de la enmienda): Firme decisión de no volver a pecar.

Providencia: Cuidado amoroso que Dios tiene de todas sus criaturas, en especial del hombre.

Pueblo de Dios: En el Antiguo Testamento fue el pueblo de Israel. En el Nuevo Testamento, es decir, ahora, es la Iglesia.

Purgatorio: El sufrimiento de los que mueren amigos de Dios, pero aún deben purificarse de algunos pecados antes de entrar en el cielo.

Reconciliación: Vuelta a la amistad con Dios cuando nos habíamos apartado de Él por el pecado.

Redentor: Jesucristo, pues Él nos ha redimido (liberado) de nuestros pecados.

Redención: Se dice principalmente de la acción realizada por Jesucristo al ofrecer su vida en la cruz para salvarnos de nuestros pecados.

Reino de Dios: Es el Reino predicado por Jesús. Es un reino de amor, de paz, de justicia y de santidad. Este Reino está dentro de los que aman a Jesús y viven según su Evangelio; tendrá su plenitud en el cielo.

Religioso: Son hombres o mujeres que consagran toda su vida a Dios.

Revelación: Es la manifestación de una verdad oculta hecha por Dios a los hombres.

Rezar: Ver oración.

Robar: Ver hurtar.

Romano Pontífice: Ver Papa.

Rosario: Oración dirigida a la Virgen María en la que se recuerdan los principales misterios de la vida de Jesús y de María.

Sacerdote: Hombre que ha recibido la ordenación sacerdotal para dedicarse a predicar, celebrar los sacramentos, principalmente la Santa Misa, y cuidar a los fieles.

Sacramentos: Signos instituidos por Jesucristo para comunicarnos la gracia divina.

Sacrificio: Ofrecimiento a Dios de algo que nos cuesta.

Sagrado: Lo que está dedicado a Dios, bien sean personas o cosas.

Sagrada Escritura: Ver Biblia.

Sagrario: Lugar en el que se guarda la Sagrada Eucaristía.

Salvación: La que nos ha ganado Jesucristo al vencer al pecado y a la muerte y al darnos la vida eterna en el Cielo.

Salvador: Ver Jesús y Mesías.

Sanedrín: Tribunal de la máxima autoridad entre los judíos, compuesto por unos setenta ancianos.

Santo: Persona que ya está en el cielo y goza del Amor de Dios. Todos los cristianos estamos llamados a ser santos.

Santísima Trinidad: Es el mismo Dios, en quien hay tres Personas distintas: el Padre, el Hijo y el Espíritu Santo.

Semana Santa: Los días en los que se celebra la entrada triunfal de Cristo en Jerusalén (Domingo de ramos), la institución de la Eucaristía (Jueves Santo), la Pasión y Muerte del Señor (Viernes Santo) y su gloriosa Resurrección (Vigilia Pascual).

Serafín: Ángel de especial dignidad.

Sinagoga: Lugar donde se reúnen los judíos para dar culto a Dios.

Sinceridad: Decir toda la verdad.

Soberbio: El que tiene gran estima de sí mismo y desprecia a los demás.

Solidaridad: Virtud que nos lleva a sentirnos unidos a los demás y a ayudarles, en especial cuando más lo necesitan.

Templo: Ver iglesia.

Tentación: Invitación a hacer una cosa mala.

Testigo: Persona que da testimonio de una cosa que conoce bien.

Tierra Prometida: Es la que Dios prometió a Abraham y a su descendencia. En ella nació Jesús, el Salvador.

Tierra Santa: Es la tierra en la que nació y vivió Jesucristo.

Tribu: Conjunto de familias que obedecen a un mismo jefe.

Unción: Aplicar óleo bendito a una persona o cosa. Se hace especialmente en los sacramentos del Bautismo, Confirmación, Orden sacerdotal y Unción de los enfermos y altar.

Universo: Es el conjunto de todas las cosas creadas por Dios.

Vicio: Haber adquirido una mala costumbre.

Virtud: Costumbre firme de practicar el bien y evitar el mal.

Virgen María: La Madre de Jesús y nuestra Madre del cielo. Es Madre de Dios por ser Jesucristo verdadero Dios.

Vocación: Llamada que dirige Dios al hombre/mujer para que le siga.

ORACIONES

La señal de la Santa Cruz

Por la señal de la Santa Cruz,
de nuestros enemigos, líbranos, Señor, Dios nuestro.
En el nombre del Padre, y del Hijo,
y del Espíritu Santo. Amén.

El Padrenuestro

Padre nuestro, que estás en el cielo, santificado sea
tu Nombre; venga a nosotros tu reino; hágase tu
voluntad en la tierra como en el cielo.
Danos hoy nuestro pan de cada día;
perdona nuestras ofensas como también nosotros
perdonamos a los que nos ofenden;
no nos dejes caer en tentación,
y líbranos del mal. Amén.

El Avemaría

Dios te salve, María; llena eres de gracia;
el Señor es contigo; bendita Tú eres entre todas las
mujeres, y bendito es el fruto de tu vientre, Jesús.
Santa María, Madre de Dios,
ruega por nosotros, pecadores,
ahora y en la hora de nuestra muerte. Amén.

Gloria

Gloria al Padre y al Hijo y al Espíritu Santo. Como era
en el principio, ahora y siempre, por los siglos de los
siglos. Amén.

El Credo, símbolo de los Apóstoles

Creo en Dios, Padre Todopoderoso,
Creador del cielo y de la tierra.
Creo en Jesucristo, su único Hijo, nuestro Señor;
que fue concebido por obra y gracia del Espíritu Santo,
nació de Santa María Virgen,
padeció bajo el poder de Poncio Pilato,
fue crucificado, muerto y sepultado;
descendió a los infiernos,
al tercer día resucitó de entre los muertos;
subió a los cielos y está sentado a la derecha de Dios,
Padre Todopoderoso.
Desde allí ha de venir a juzgar a vivos y muertos. Creo
en el Espíritu Santo, la Santa Iglesia Católica,
la comunión de los Santos; el perdón de los pecados;
la resurrección de la carne; y la vida eterna. Amén.

Confesión general

Yo confieso ante Dios Todopoderoso y ante vosotros,
hermanos, que he pecado mucho de pensamiento,
palabra, obra y omisión: por mi culpa, por mi culpa,
por mi gran culpa.
Por eso ruego a Santa María, siempre Virgen, a los
ángeles, a los santos y a vosotros, hermanos, que
intercedáis por mí ante Dios, nuestro Señor. Amén.

Acto de contrición general

¡Señor mío, Jesucristo!, Dios y Hombre verdadero,
Creador, Padre y Redentor mío; por ser Vos quien
sois, Bondad infinita, y porque os amo sobre todas las
cosas, me pesa de todo corazón de haberos ofendido;
también me pesa porque podéis castigarme con las
penas del infierno. Ayudado de vuestra divina gracia,
propongo firmemente nunca más pecar, confesarme y
cumplir la penitencia que me fuere impuesta. Amén.

La Salve

*Es una súplica a Santa María Reina, que lo puede todo,
pidiéndole su ayuda y protección.*

Dios te salve,
Reina y Madre de misericordia;
vida, dulzura y esperanza nuestra.
Dios te salve.
A Ti llamamos los desterrados hijos de Eva:
A Ti suspiramos, gimiendo y llorando,
en este valle de lágrimas.
Ea, pues, Señora, abogada nuestra,
vuelve a nosotros esos tus ojos misericordiosos;
y después de este destierro
muéstranos a Jesús, fruto bendito de tu vientre.
¡Oh clemente, oh piadosa,
oh dulce siempre Virgen María!
Ruega por nosotros, Santa Madre de Dios, para que
seamos dignos de alcanzar las promesas y gracias
de Nuestro Señor Jesucristo. Amén.

Bendita sea tu pureza

*Con esta oración alabas la pureza de la Virgen y le pides su
ayuda para ser limpio en pensamientos, palabras y obras.*

Bendita sea tu pureza y eternamente lo sea;
pues todo un Dios se recrea en tan graciosa belleza.
A Ti, celestial Princesa. ¡Oh, Virgen sagrada María!
Yo te ofrezco en este día
alma, vida y corazón;
mírame con compasión;
no me dejes, Madre mía,
ahora y en la última agonía, de mi muerte. Amén

Acordaos

Es una oración en la que demostramos nuestra confianza a la Virgen, nuestra Madre, y que podemos rezar por nosotros y por cualquier persona que se encuentre en una necesidad.

Acuérdate, oh piadosísima Virgen María,
que jamás se ha oído decir que ninguno de los que han acudido a tu protección,
implorando tu asistencia y reclamando tu auxilio,
haya sido abandonado de Ti.
Animado con esta confianza, a Ti también acudo,
¡oh Virgen de las vírgenes!; y gimiendo bajo el peso de mis pecados, me atrevo a comparecer ante tu presencia soberana.
¡Oh Madre de Dios!, no desprecies mis súplicas; antes bien, escúchalas y acógelas benignamente. Amén.

¡Oh, Señora mía!

Esta oración te puede servir de ofrecimiento personal a la Virgen. Si quieres puedes decírsela cada día al levantarte.

¡Oh, Señora mía! ¡Oh, Madre mía!
Yo me ofrezco del todo a Ti,
y en prueba de mi filial afecto,
te consagro en este día
mis ojos, mis oídos, mi lengua, mi corazón;
en una palabra, todo mi ser.
Ya que soy todo tuyo,
Madre de bondad, guárdame y defiéndeme como cosa y posesión tuya. Amén.

A las doce, una cita con la Virgen

Es una antigua costumbre cristiana saludar todos los días a la Virgen, rezando a las doce el Angelus.

En esta oración le recordamos a la Virgen María el momento más grande de su vida: cuando el Arcángel San Gabriel le anunció que iba a ser la Madre de Dios y Ella aceptó.

El Ángel del Señor anunció a María.
Y concibió por obra del Espíritu Santo. *Avemaría.*
He aquí la esclava del Señor.
Hágase en mí según tu Palabra. *Avemaría.*
El Hijo de Dios se hizo hombre.
Y habitó entre nosotros. *Avemaría.*
Ruega por nosotros, Santa Madre de Dios.
Para que seamos dignos de alcanzar las promesas de Nuestro Señor Jesucristo. Amén.

Oración:
Derrama, Señor, tu gracia en nuestras almas para que quienes hemos conocido, por el anuncio del Ángel, la Encarnación de tu Hijo Jesucristo, por su Pasión y Cruz seamos llevados a la gloria de la Resurrección. Por Jesucristo, Nuestro Señor. Amén.

Reina del cielo

En tiempo de Pascua de Resurrección (desde el Domingo de Resurrección hasta el Domingo de Pentecostés). Es costumbre rezarle a la Virgen el "Reina del Cielo", en lugar del Ángelus, para unirnos a su alegría y a la de toda la Iglesia.

Reina del cielo, alégrate. ¡Aleluya!
Porque el Señor a quien has merecido. ¡Aleluya!
Ha resucitado, según su palabra. ¡Aleluya!
Ruega a Dios por nosotros. ¡Aleluya!
Gózate y alégrate, Virgen María. ¡Aleluya!
Porque verdaderamente ha resucitado el Señor. ¡Aleluya!

Oración:
Oh Dios, que por la Resurrección de tu Hijo, Nuestro Señor Jesucristo, has llenado el mundo de alegría, te pedimos que por medio de tu Madre la Virgen María, alcancemos el gozo de la vida eterna. Por Jesucristo, Nuestro Señor. Amén.

Oración al Ángel de la guarda

Ángel de mi guarda, dulce compañía,
no me desampares ni de noche ni de día,
hasta que me guardes en paz y alegría,
con todos los santos, Jesús, José y María.

Los Mandamientos de la Ley de Dios

Los Mandamientos de la Ley de Dios son diez:

✚ El primero, amar a Dios sobre todas las cosas.

✚ El segundo, no tomar el nombre de Dios en vano.

✚ El tercero, santificar las fiestas.

✚ El cuarto, honrar padre y madre.

✚ El quinto, no matar.

✚ El sexto, no cometer actos impuros.

✚ El séptimo, no robar.

✚ El octavo, no decir falso testimonio ni mentir.

✚ El noveno, no consentir pensamientos ni deseos impuros.

✚ El décimo, no codiciar los bienes ajenos.

Estos diez mandamientos se resumen en dos: Amar a Dios sobre todas las cosas, y al prójimo como a ti mismo.

Los Mandamientos de la Iglesia

Los mandamientos más generales de la Santa Madre Iglesia son cinco:

➕ El primero, oír Misa entera todos los domingos y fiestas de guardar.

➕ El segundo, confesar los pecados mortales al menos una vez al año y en peligro de muerte y si se ha de comulgar.

➕ El tercero, comulgar por Pascua de Resurrección.

➕ El cuarto, ayunar y abstenerse de comer carne cuando lo manda la Santa Madre Iglesia.

➕ El quinto, ayudar a la Iglesia en sus necesidades.

El Mandamiento de Jesús

Dice Jesús:
"Un mandamiento nuevo os doy: que os améis unos a otros como yo os he amado. En esto conocerán todos que sois mis discípulos: si os amáis unos a otros"
(Jn 13, 34-35).

Las Bienaventuranzas

➕ Bienaventurados los pobres de espíritu, porque de ellos es el Reino de los Cielos.

➕ Bienaventurados los mansos, porque ellos poseerán la Tierra.

➕ Bienaventurados los que lloran, porque ellos serán consolados.

➕ Bienaventurados los que tienen hambre y sed de justicia, porque ellos serán hartos.

➕ Bienaventurados los misericordiosos, porque ellos alcanzarán misericordia.

➕ Bienaventurados los limpios de corazón, porque ellos verán a Dios.

➕ Bienaventurados los pacíficos, porque ellos serán llamados hijos de Dios.

➕ Bienaventurados los que padecen persecución a causa de la justicia, porque de ellos es el Reino de los Cielos.

✚ Rito inicial

En señal de respeto, recibimos al sacerdote de pie. Se canta o se recita el canto de entrada mientras el Celebrante se acerca primero al altar, lo besa y después se dirige a la sede.

Sacerdote: En el nombre del Padre y del Hijo y del Espíritu Santo.
Todos: Amén.

El sacerdote nos saluda.

S. La gracia de nuestro Señor Jesucristo, el amor del Padre y la comunión del Espíritu Santo estén con todos vosotros.
T. Y con tu espíritu.

✚ Acto penitencial

S. Hermanos, antes de celebrar los sagrados misterios, reconozcamos nuestros pecados.

Breve pausa en silencio para recordar nuestros pecados y pedir perdón al Señor.

T. Yo confieso, ante Dios todopoderoso yante vosotros, hermanos, que he pecado mucho de pensamiento, palabra, obra y omisión. Por mi culpa, por mi culpa, por mi gran culpa. Por eso ruego a santa María, siempre Virgen, a los ángeles, a los santos y a vosotros hermanos, que intercedáis por mí ante Dios, nuestro Señor.

S. Dios todopoderoso tenga misericordia de nosotros, perdone nuestros pecados y nos lleva a la Vida eterna.
T. Amén.

✚ Señor, ten piedad

S. Señor, ten piedad.
T. Señor, ten piedad.

S. Cristo, ten piedad.
T. Cristo, ten piedad.

S. Señor, ten piedad.
T. Señor, ten piedad.

✚ Gloria

El Gloria es un canto de alabanza a Dios Padre, a Dios Hijo y a Dios Espíritu Santo.

T: Gloria a Dios en el Cielo, y en la tierra
paz a los hombres que ama el Señor.
Por tu inmensa gloria te alabamos,
te bendecimos, te adoramos,
te glorificamos, te damos gracias,
Señor Dios, Rey celestial,
Dios Padre todopoderoso.
Señor, Hijo único, Jesucristo.
Señor Dios, Cordero de Dios,
Hijo del Padre:
Tú que quitas el pecado del mundo,
ten piedad de nosotros;
Tú que quitas el pecado del mundo,
atiende nuestra súplica;
Tú que estás sentado a la derecha
del Padre, ten piedad de nosotros;
porque sólo Tú eres Santo, sólo Tú Señor,
sólo Tú Altísimo, Jesucristo,
con el Espíritu Santo
en la gloria de Dios Padre.
Amén.

✚ Liturgia de la palabra

En esta parte de la Misa escuchamos la Palabra de Dios escrita en la Biblia para recibirla en el corazón.

Primera lectura

La primera lectura es un fragmento del Antiguo Testamento.

El lector termina diciendo: Palabra de Dios.

T. Te alabamos, Señor.

Salmo responsorial

Segunda lectura

Suele ser un pasaje de las cartas que los apóstoles escribieron a los primeros cristianos y, por lo tanto, también a nosotros.

El lector termina diciendo: Palabra de Dios.

T. Te alabamos, Señor.

✚ Evangelio

Nos ponemos de pie para cantar el Aleluya y nos disponemos a escuchar el Evangelio. Durante la lectura ponemos mucha atención, imaginamos la escena que estamos escuchando, como si estuvieras allí, cerca de Jesús.

S. El Señor esté con vosotros.
T. Y con tu espíritu.

S. Lectura del santo Evangelio según...
T. Gloria a ti, Señor.

Después de la lectura del Evangelio.

S. Palabra del Señor.
T. Gloria a ti, Señor Jesús.

✚ Homilía

Después el sacerdote pronuncia la Homilía. Nos sentamos para escuchar al sacerdote que nos va a ayudar a entender las lecturas y nos va a animar a poner en práctica la Palabra de Dios.

✚ Profesión de fe

T. Creo en Dios, Padre todopoderoso, Creador del cielo y de la tierra. Creo en Jesucristo, su único Hijo, nuestro Señor, que fue concebido por obra y gracia del Espíritu Santo, nació de santa María Virgen, padeció bajo el poder de Poncio Pilato, fue crucificado, muerto y sepultado, descendió a los infiernos, al tercer día resucitó de entre los muertos, subió a los cielos y está sentado a la derecha de Dios, Padre todopoderoso. Desde allí ha de venir a juzgar a vivos y muertos. Creo en el Espíritu Santo, la santa Iglesia católica, la comunión de los santos, el perdón de los pecados, la resurrección de la carne y la vida eterna. Amén.

✚ Oración de los fieles

En ella, unidos al sacerdote, pedimos por la Santa Iglesia y el Romano Pontífice, e imploramos a Dios que derrame sus bendiciones sobre todos los hombres, en especial sobre quienes más lo necesitan.

A cada invocación respondemos:

T. Te rogamos, óyenos.

✚ Presentación de las ofrendas

El sacerdote ofrece el pan y el vino que se convertirán en el Cuerpo y Sangre de Cristo. Pon tu vida en la patena y ofrécela a Dios como un regalo que Él santifica. "Jesús, te ofrezco toda mi vida"

S. Bendito seas, Señor, Dios del universo, por este pan… él será para nosotros pan de vida.
T. Bendito seas por siempre, Señor.

S. Bendito seas, Señor, Dios del universo, por este vino… él será para nosotros bebida de salvación.
T. Bendito seas por siempre, Señor.
Invitación a la oración.

El sacerdote pide a Dios que acepte nuestros dones.

S. Orad, hermanos, para que este sacrificio, mío y vuestro, sea agradable a Dios, Padre todopoderoso.
T. El Señor reciba de tus manos este sacrificio, para alabanza y gloria de su nombre, para nuestro bien y el de toda su santa Iglesia.

Oración del sacerdote.

✚ Invitación a la oración

El sacerdote pide a Dios que acepte nuestros dones.

S. Orad hermanos, para que este sacrificio, mío y vuestro, sea agradable a Dios, Padre todopoderoso.
T. *El Señor reciba de tus manos este sacrificio. Para alabanza y gloria de su nombre, para nuestro bien, y el de toda su santa Iglesia.*

✚ Plegaria eucarística

Comienza la parte más importante de la Misa.

S. El Señor esté con vosotros.
T. Y con tu espíritu.

S. Levantemos el corazón.
T. Lo tenemos levantado hacia el Señor.

S. Demos gracias al Señor, nuestro Dios.
T. Es justo y necesario.

S. Por ese amor tan grande queremos darte gracias y cantarte con los ángeles y los santos que te adoran en el cielo:
T. Santo, Santo, Santo es el Señor, Dios del Universo. Llenos están el cielo y la tierra de tu gloria. Hosanna en el cielo. Bendito el que viene en nombre del Señor. Hosanna en el cielo.

✚ Consagración

El sacerdote extiende las manos sobre el pan y el vino, traza sobre ellos la Señal de la Cruz y pide la acción del Espíritu Santo. El sacerdote recuerda los gestos de Jesús en la Última Cena: "Tomó pan, y dando gracias, lo partió y lo dio a sus discípulos [...]"

S. Tomad y comed todos de él, porque esto es mi Cuerpo que será entregado por vosotros.

Y lo alza para que lo adoremos.
Después hace lo mismo con el cáliz:

S. Tomad y bebed todos de él, porque este es el cáliz de mi Sangre [...] que será derramada por vosotros y por muchos para el perdón de los pecados. Haced esto en conmemoración mía.

S. Este es el Sacramento de nuestra fe.
T. Anunciamos tu muerte proclamamos tu resurrección. ¡Ven Señor Jesús!

Ofrecimiento del sacrificio, invocación al Espíritu Santo e intercesiones.

S. Por Cristo, con Él y en Él...
T. Amén.

Nos preparamos a la comunión rezando el Padre Nuestro. Recuerda que esta oración nos la enseñó Jesús. Rézala con toda devoción y pensando en las peticiones que tiene para ti.

S. Fieles a la recomendación del Salvador y siguiendo su divina enseñanza nos atrevemos a decir:

T. Padre nuestro, que estás en el cielo, santificado sea tu nombre, venga a nosotros tu reino, hágase tu voluntad en la tierra como en el cielo. Danos hoy nuestro pan de cada día; perdona nuestras ofensas, como también nosotros perdonamos a los que nos ofenden; no nos dejes caer en la tentación y líbranos del mal.

S. ...mientras esperamos la gloriosa venida de nuestros salvador Jesucristo.

T. Tuyo es el reino, tuyo el poder y la gloria, por siempre, Señor.

✚ Rito de la paz

S. La paz del Señor esté siempre con vosotros.
T. Y con tu espíritu.
S. Daos fraternalmente la paz.

Todos se dan la paz. En este saludo manifestamos que somos hermanos porque somos hijos de Dios y nos comprometemos a tratar a los demás con cariño, amabilidad, respeto, a no pelear y a trabajar porque reine la paz entre los hombres.

✚ Fracción del pan

T. Cordero de Dios, que quitas el pecado del mundo,
ten piedad de nosotros.
Cordero de Dios, que quitas el pecado del mundo,
ten piedad de nosotros.
Cordero de Dios, que quitas el pecado del mundo, danos la paz.

✚ Comunión

S. Este es el Cordero de Dios que quita los pecados del mundo. Dichosos los invitados a la cena del Señor.
T. Señor, no soy digno de que entres en mi casa, pero una palabra tuya bastará para sanarme.

Ahora con mucho cariño y respeto te acercas a recibir a Jesús. Mientras esperas a recibirlo, piensa en el enorme amor que Jesús te tiene, que quiso quedarse para estar siempre con nosotros, que se convirtió en Pan de Vida para que pudiéramos unirnos a Él.

Oración del sacerdote dando gracias.

✚ Rito de conclusión

El sacerdote saluda, despide y bendice en nombre de Dios.

S. El Señor esté con vosotros.
T. Y con tu espíritu.

S.: La bendición de Dios todopoderoso, Padre, Hijo y Espíritu Santo, descienda sobre vosotros.
T. Amén.

S. Podéis ir en paz.
T. Demos gracias a Dios.

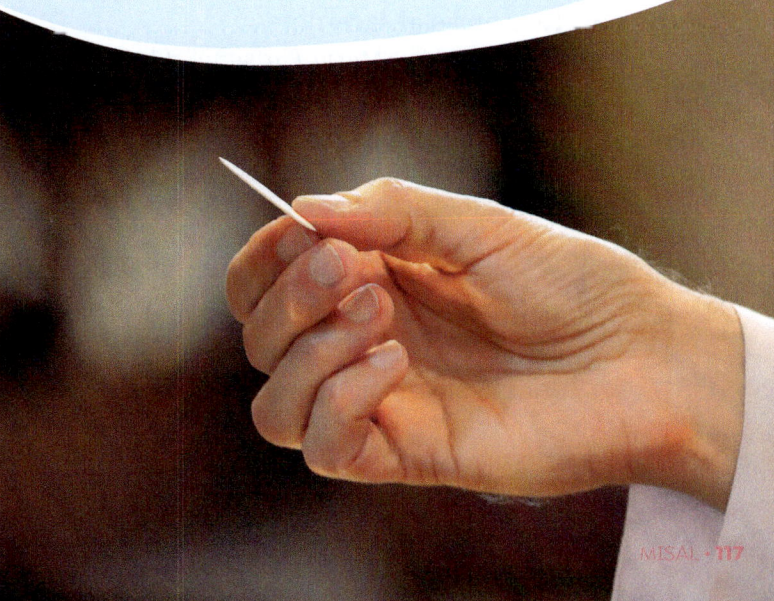

CÓMO HACER UNA BUENA CONFESIÓN

✚ ¿Qué es el sacramento de la Penitencia?

El Sacramento de la Penitencia (también llamado de la Confesión o Sacramento del perdón) es un "encuentro con Jesús". Él mismo nos perdona los pecados, y lo hace por medio del sacerdote.

En este Sacramento Jesús nos perdona los pecados cometidos después del Bautismo. El pecado es toda desobediencia a la Ley de Dios (tanto de los Diez Mandamientos de la Ley de Dios y de la Iglesia como del Mandamiento del Amor que nos ha dado Jesús).

Los pecados pueden ser graves (o pecado motal) o leves (pecado venial). Los pecados veniales desagradan a Dios y a los demás pero el alma no se aparta totalmente de Dios (sentir pereza, una mentira sin mucha importancia, tener envidias pequeñas de otra persona, etc.). Pecado mortal es el que nos aparta totalmente de Dios y nos impide recibir a Jesús en la Comunión sin previa Confesión del mismo.

✚ ¿Cómo confesarse bien?

Para confesarse bien hacen falta cinco cosas:
1. Examen de conciencia.
2. Dolor de los pecados.
3. Propósito de la enmienda.
4. Decir los pecados al confesor (a Jesús).
5. Cumplir la penitencia.

Oración para antes de la Confesión:
Jesús: me duele mucho haber sido malo. Te pido perdón porque te he ofendido. Ayúdame a reconocer mis pecados y a confesarlos al sacerdote, sin ocultar ninguno. Y dame tu gracia para ser mejor en adelante. Amén.

Conviene aprender la oración "Yo confieso"; y el Acto de contrición llamado "Señor mío, Jesucristo".

Oración para obtener el dolor de los pecados:
Señor, dame un corazón humilde y sincero para reconocer mis pecados y para pedirte perdón por todos ellos. Amén.
Puedes rezar la oración "Señor mío, Jesucristo".

✚ Modo de confesarte:

- Te acercas al sacerdote.
- Le dices: *"Ave María Purísima"*. Él te contestará: *"Sin pecado concebida"*.
- Di cuándo fue tu última confesión (o si es la primera).
- Cuéntale tus pecados. Y avísale cuando hayas terminado.
- El sacerdote te escucha y te dará algunos consejos. Te pondrá una pequeña penitencia y por ultimo te dará la absolución: *"Yo te absuelvo de tus pecados, en el nombre del Padre, y del Hijo, y del Espíritu Santo"*.
- Y respondes: *Amén.*

Oración para después de la Confesión:
Gracias, Jesús, porque me has perdonado. Ayúdame a luchar para ser mejor en adelante y agradarte así más a Ti y a mis padres. Amén.

Y no te olvides de CUMPLIR LA PENITENCIA.

✚ Examen de conciencia para hacer una buena confesión

Oración previa:

Jesús, quiero que me ayudes a conocer bien todos mis pecados. Te pido que ilumines mi alma y me des plena sinceridad para reconocer todo aquello en lo que te he ofendido. Amén.

Examen de conciencia:

Amarás a Dios sobre todas las cosas...

- ¿Creo todo lo que Dios ha revelado y nos enseña la Iglesia Católica? ¿Niego o he negado algunas verdades de la fe católica?
- ¿He recibido al Señor en la Sagrada Comunión teniendo algún pecado grave en mi conciencia? ¿He callado en la confesión por vergüenza algún pecado mortal?
- ¿He blasfemado? ¿He jurado sin necesidad o sin verdad?
- ¿He faltado a Misa los domingos o días festivos sin tener un impedimento serio? ¿He cumplido los días de ayuno y abstinencia?

... Y al prójimo como a ti mismo.

- ¿Respeto la vida humana?
- ¿Deseo el bien a los demás, o albergo rencores y realizo juicios injustos sobre los demás? ¿He sido violento verbal o físicamente? ¿He dado mal ejemplo a las personas que me rodean?
- ¿Cuido mi salud? ¿He tomado alcohol en exceso? ¿He tomado drogas? ¿He arriesgado mi vida injustificadamente?
- ¿He mirado vídeos, páginas pornográficas, espectáculos obscenos? ¿He sido causa de que otros pecasen por mi conversación, mi modo de vestir o prestando algún vídeo o revista porno?
- ¿Vivo la castidad? ¿He cometido actos impuros conmigo mismo o con otras personas? ¿He consentido pensamientos, deseos o sensaciones impuras?

- ¿He tomado dinero o cosas que no son mías? ¿En su caso, he restituido o reparado?
- ¿Procuro cumplir con mis deberes de estudiante? ¿Soy honrado y justo en el cumplimiento de mis deberes profesionales? ¿He engañado a otros: cobrando más de lo debido, ofreciendo un servicio defectuoso?
- ¿He gastado dinero para mi comodidad o lujo personal olvidando mis responsabilidades hacia otros y hacia la Iglesia?
- ¿He ayudado a personas pobres o necesitadas o las he desatendido? ¿Practico el desprendimiento de los bienes materiales? ¿Doy limosna? ¿Cumplo con mis deberes de ciudadano?
- ¿He dicho mentiras? ¿He reparado el daño que haya podido causar? ¿He descubierto, sin causa justa, defectos graves de otras personas? ¿He hablado o pensado mal de otros? ¿He calumniado a otros o he murmurado?

Catequesis de Orientación Catecumenal

JUNIOR

PALABRA